Essential
Spanish

2nd Edition

2nd edition text by
María Amparo Perez Roch

Berlitz
New York   Mu   Singapore

Essential Spanish, 2nd Edition

Contacting the Editors
Every effort has been made to provide accurate information in this publication, but changes are inevitable. The publisher cannot be responsible for any resulting loss, inconvenience, or injury. We would appreciate it if readers would call our attention to any errors or outdated information by contacting Berlitz Publishing, 193 Morris Avenue, Springfield, NJ 07081, USA. email: comments@berlitzbooks.com

Second Printing: December 2008
Printed in Singapore

Publishing Director: Sheryl Olinsky Borg
Project Manager/Editor: Eric Zuarino
2nd Edition Spanish Writer: María Amparo Perez Roch
Spanish Proofreader: María del Carmen Leal Bolado
Production Manager: Elizabeth Gaynor
Cover Design: Claudia Petrilli
Interior Design: Claudia Petrilli and Datagrafix, Inc.

Cover Photo: © Gregory Wrona/APA
Back Cover Photo: © RubberBall/ FotoStock
Interior Art: Elizabeth Gaynor, Datagrafix, Inc.

TABLE OF CONTENTS

INTRODUCTION

Whether you're a beginner who's never studied a foreign language or a former student brushing up on old skills, *Berlitz Essential Spanish* will provide you with the tools and information you need to speak a foreign tongue easily and effectively. Furthermore, the book is designed to permit you to study at your own pace, based on your level of expertise.

* Lively bilingual dialogues spoken by native Spanish speakers describe actual, everyday situations in which you might find yourself when traveling in a foreign country.

* A phonetic guide to pronouncing words allows you to acquire the sounds of the language through the use of this book and CD.

* Basic grammar is taught through actual phrases and sentences, which help you develop an instinctive sense of correct grammar without having to study long lists of rules and exceptions.

* An exercise section at the end of each lesson gives you the opportunity to pinpoint your strengths and weaknesses, and enables you to study more efficiently.

* The last activity in each lesson includes an online-based opportunity to apply what you learn to real-life Spanish in use.

* The glossary at the end of the book gives you an easy reference list of all the words used in the book.

HOW TO USE THIS BOOK

The best way to learn any language is through consistent daily study. Decide for yourself how much time you can devote to the study of *Essential Spanish* each day—you may be able to complete two lessons a day or just have time for a half-hour of study. Set a realistic daily study goal that you can easily achieve, one that includes studying new material as well as reviewing the old. The more frequent your exposure to the language, the better your results will be.

THE STRUCTURE OF THE BOOK

* Listen to each dialogue at the beginning of each lesson. Follow along slowly and carefully, using the translation and the pronunciation guide.

* You will also find the vocabulary sections of this book on our website as a free audio download. Listen along and repeat to perfect your Spanish pronunciation. Visit http://www.berlitzpublishing.com to download bonus audio.

* When you have listened to and read the dialogue and vocabulary sections through enough times to get a good grasp of the sounds and sense of it, read the grammar section, paying particular attention to how the language builds its sentences. Then go back and listen to and read the dialogue again.

* When studying the vocabulary list, it is useful to write the words down in a notebook. This will help you remember both the spelling and meaning, as you move ahead. You might also try writing the word in a sentence that you make up yourself.

* Try to work on the exercise section without referring to the dialogue, then go back and check your answers against the dialogue or by consulting the answer section at the end of the book. It's helpful to repeat the exercises.

* The last activity in each lesson includes an online-based opportunity to apply your knowledge of Spanish to complete real tasks using the foreign language. The sites have been selected to help you use the vocabulary and expressions that you already know, while introducing you to new cultural or grammatical concepts.
Visit http://www.berlitzpublishing.com and go to the downloads section for bonus activities.

By dedicating yourself to the lessons in *Berlitz Essential Spanish* course, you will quickly put together the basic building blocks of Spanish, which will help you to continue at your own pace. You will find in this book all you need to know in order to communicate effectively in a foreign language; and you will be amply prepared to go on to master Spanish with all the fluency of a native speaker.

GUIDE TO PRONUNCIATION

The sounds of the language have been converted into phonetic guides in parentheses under the words in the beginning lessons. Instead of using complicated phonetic symbols, we've devised recognizable English approximations that, when read aloud, will give you the correct pronunciation of the foreign words. You don't need to memorize the phonetics; just sound the word out and practice pronunciation (which may differ greatly from the actual spelling of the word) until you're comfortable with it. The phonetic guide is there to help you unlock the basic sound of each word; the accent and cadence of the language can be practiced by using the audio components of this course.

Spanish is very regular in its pronunciation patterns, unlike English. A very important aspect of Spanish pronunciation is its system of stress. It is very important to make an effort to master these stress patterns, as incorrect stress can lead to misunderstandings. The stress in Spanish words falls naturally on the last syllable when a word ends in a consonant, except for n and s. When a word ends in a vowel (a, e, i, o, u) or n or s, the stress falls naturally on the second-to-last syllable.

Whenever exceptions to these rules occur, the written accent is used. If this appears rather complicated, do not worry, because the phonetics will indicate the stress to be used in each word. As you become more experienced in the language, you will develop an instinct for pronunciation and stress which will enable you to converse without thinking about it.

The vowels (a, e, i, o, u) are almost always pronounced as single independent sounds, even when they occur together. However, the combinations ai, au, ei, ie, and ue are pronounced as diphthongs, or in other words, as one unit.

Spanish – English

diphthong	example	equivalent	symbol	phonetics
ai	bailar	high	ayee	bayee-<u>lahr</u>
au	pausa	how	ow	<u>pow</u>-sah
ei	peinar	hay	eyee	peyee-<u>nahr</u>
ie	piedra	yes	eeyeh	<u>peeyeh</u>-drah
ue	puedo	wed	weh	<u>pweh</u>-do

Most Spanish letters will not cause pronunciation problems because they are similar to the sounds of the same letters in English. There may be a choice of sounds in some English letters and there are some real differences, which are listed below.

Spanish – English

letter	example	equivalent	symbol	phonetics
a	bala	after	ah	bah-lah
e	pelo	bet	eh	peh-lo
i	isla	beet	ee	ees-lah
o	otro	taut	o	o-tro
u	uno	too	oo	oo-no
c + a, o, u	cada	cat	k	kah-dah
	codo		k	ko-do
	curar		k	koo-rahr
c + e, i*	centro	thin	th	thehn-tro
	cinta		th	theen-tah
g + a, o	gama	gate	g	gah-mah
	gota		g	go-tah
g + ue	guerra		g	ge-rrah
g + ui	guía		g	gee-ah
g + e, i	genial	loch (Scot)	kh	kheh-neeyahl
	gigante		kh	khee-gahn-teh
h	h is never pronounced in Spanish			
j	juego	loch (Scot)	kh	khweh-go
y	yo	yacht	y	yo
ll*	llueve	billion	y	yweh-beh
ñ	piña	onion	ny	pee-nyah
qu	quiero	cat	k	keeyeh-ro

Spanish – English

letter	example	equivalent	symbol	phonetics
r	ratón	roar	r	rah-<u>ton</u>
rr	correr	(rolled r)	rr	ko-<u>rrehr</u>
v	viene	**b**	b	<u>beeyeh</u>-neh
x**	taxi	taxi	ks	<u>tahk</u>-see
z*	zeta	**th**	th	<u>theh</u>-tah

* In Latin American countries there is almost complete uniformity in pronouncing these letters as follows:

in c + e, i; the c is pronounced as **s**

ll is pronounced as **y**

z is pronounced as **s**

** Note that x in a very few words, like Ximena, Texas, México, or mexicano, is pronounced like the Spanish j in the pronunciation table above. This is a written representation that was carried over from Medieval Spanish spelling and which still remains in certain words, most of them being proper nouns.

¡HOLA!
HELLO!

Mr. Martinez is browsing at a kiosk looking for some maps for his upcoming trip. Listen to the dialogue to see what he finds.

Sr. Martínez   **¡Hola, buenos días!**
(o-lah <u>bweh</u>-nos <u>dee</u>-ahs)
Hello, good day.

Vendedor   **Buenos días, señor. ¿Qué tal?**
(<u>bweh</u>-nos <u>dee</u>-ahs seh-<u>nyor</u>. keh tahl)
Good day, sir. How's everything?

Sr. Martínez   **Muy bien gracias.**
(mwee beeyehn <u>grah</u>-theeyahs)
Very well, thanks.

Un momento, por favor. Una pregunta…
(oon mo-<u>mehn</u>-to por fah-<u>bor</u>. <u>oo</u>-nah
preh-<u>goon</u>-tah)
One moment, please. A question…

Vendedor   **¿Sí señor?**
(see seh-<u>nyor</u>)
Yes, sir?

1

Sr. Martínez	**¿Esto es un plano?** (<u>ehs</u>-to ehs oon <u>plah</u>-no) *Is this a street map?*
Vendedor	**Sí, señor. Es un plano.** (see seh-<u>nyor</u>. ehs oon <u>plah</u>-no) *Yes, sir, it's a street map.*
Sr. Martínez	**Y esto. ¿Es un plano o un mapa?** (ee <u>ehs</u>-to. ehs oon <u>plah</u>-no o oon <u>mah</u>-pah) *And this, is it a street map or a map of the region?*
Vendedor	**Esto es un mapa.** (<u>ehs</u>-to ehs oon <u>mah</u>-pah) *This is a map of the region.*
Sr. Martínez	**¡Bien! ¿Y esto? ¿Es un mapa también?** (beeyehn. ee <u>ehs</u>-to. ehs oon <u>mah</u>-pah tahm-<u>beeyehn</u>) *Good! And this? Is this also a map of the region?*
Vendedor	**No, señor. No es un mapa. Es un libro.** (no seh-<u>nyor</u>. no ehs oon <u>mah</u>-pah. ehs oon <u>lee</u>-bro) *No, sir. It is not a map of the region. It is a book.*
Sr. Martínez	**Muy bien, gracias por todo. ¡Hasta luego!** (mwee beeyehn. <u>grah</u>-theeyahs por <u>to</u>-do. <u>ahs</u>-tah <u>lweh</u>-go) *Very good, thanks for everything. See you later!*
Vendedor	**Adiós, señor, hasta luego.** (ah-<u>deeyos</u> seh-<u>nyor</u> <u>ahs</u>-tah <u>lweh</u>-go) *Goodbye sir. See you later.*

GRAMÁTICA / GRAMMAR

1. PREGUNTAS Y RESPUESTAS / QUESTIONS AND ANSWERS

¿Qué es? always asks for a definition, as in *what is this?* Look at the following examples.

¿Qué es?
(keh ehs)
What is it?

Es un plano.
(ehs oon <u>plah</u>-no)
It's a street map.

un plano

Es un mapa.
(ehs oon <u>mah</u>-pah)
It's a map.

un mapa

Es un libro.
(ehs oon <u>lee</u>-bro)
It's a book.

un libro

2. SÍ O NO / **YES OR NO**

For yes or no questions, you need to change the word order, as you would do in English, and place the verb before the subject.

¿Es esto un libro de español?
(ehs <u>ehs</u>-to oon <u>lee</u>-bro deh ehs-pah-<u>nyol</u>)
Is this a Spanish book?

Sí, es un libro de español.
(see ehs oon <u>lee</u>-bro deh ehs-pah-<u>nyol</u>)
Yes, it's a Spanish book.

¿Es esto un plano?
(ehs <u>ehs</u>-to oon <u>plah</u>-no)
Is this a street map?

No, no es un plano.
(no no ehs oon <u>plah</u>-no)
No, it's not a street map.

¿Qué es?
(keh ehs)
What is it?

Es una guía.
(ehs <u>oo</u>-nah <u>gee</u>-ah)
It's a guidebook.

3

Notice the use of the inverted question mark (¿) and exclamation mark (¡) at the beginning of a question or exclamation. Practice writing these, as they are mandatory when writing in Spanish.

---

3. UN O UNA / A/AN

There are two translations for "a" in Spanish: **un** and **una**. Masculine nouns take **un,** feminine nouns take **una.** Keep in mind that in Spanish, as in English, the indefinite article is used to refer to "any" element of a category, and not to a specific one. That is, if you'd like to buy a map, as in "any" map, you would ask for "**un mapa.**" However, if you'd like to ask for a specific map, as in "Barcelona's map" you would use the definite article (the) and ask for "**el mapa de Barcelona.**"

Always try to learn the gender of the word (masculine or feminine) at the same time as you learn the word itself (not just mapa, but **un/el** mapa, not just plano, but **un/el** plano, etc.). Things which have no gender are assigned a masculine or feminine value in Spanish that usually has nothing to do with the object itself, therefore memorizing gender is the only way to determine if something is masculine or feminine. Don't try to guess gender based on common sense: **vestido** (dress), for example, is masculine whereas **corbata** (tie) is feminine.

Let's practice the use of the indefinite articles **un** and **una:**

una postal	**una persona**	**una silla**
(<u>oo</u>-nah pos-<u>tahl</u>)	(<u>oo</u>-nah pehr-<u>so</u>-nah)	(<u>oo</u>-nah <u>see</u>-yah)
a postcard	*a person*	*a chair*

¿Es una silla?
(ehs <u>oo</u>-nah <u>see</u>-yah)
Is it a chair?

No, no es una silla.
(no no ehs <u>oo</u>-nah <u>see</u>-yah)
No, it is not a chair.

¿Es una postal o un mapa?
(ehs <u>oo</u>-nah pos-<u>tahl</u> o oon <u>mah</u>-pah)
Is it a postcard or a map?

Es una postal.
(ehs <u>oo</u>-nah pos-<u>tahl</u>)
It is a postcard.

¿Es usted el vendedor o es el señor Martínez?
(ehs oos-<u>tehd</u> ehl behn-deh-<u>dor</u> o ehs ehl seh-<u>nyor</u> mahr-<u>tee</u>-neth)
Are you the salesman or are you Mr. Martínez?

Yo soy el vendedor, no soy el señor Martínez.
(yo soyee ehl behn-deh-<u>dor</u> no soyee ehl seh-<u>nyor</u> mahr-<u>tee</u>-neth)
I am the salesman, I'm not Mr. Martinez.

---

4. UNOS O UNAS, ALGUNOS O ALGUNAS / SOME

These are the words used to express *some*. Unos♂ and unas♀ are the plural of un♂ and una♀ respectively. Algunos♂ and algunas♀ are the plurals of algún and alguna. In a general sense, both unos/algunos and unas/algunas are interchangeable and have the same meaning.

unos libros/algunos libros
(<u>oo</u>-nos <u>lee</u>-bros/ahl-<u>goo</u>-nos <u>lee</u>-bros)
some books

unas personas/algunas personas
(<u>oo</u>-nahs pehr-<u>so</u>-nahs/ahl-<u>goo</u>-nahs pehr-<u>so</u>-nahs)
some people

---

5. EL O LA, LOS O LAS / THE

The definite article "the" is translated in Spanish as el when the noun it accompanies is masculine (un libro → el libro), or la when the noun is feminine (una persona → la persona).

The plural forms for el and la are los and las.

el vendedor	los vendedores
el libro	los libros
la señorita	las señoritas
el señor	los señores

---

6. PRONOMBRES PERSONALES / PERSONAL PRONOUNS

In Spanish, personal pronouns are often left out when speaking or writing to avoid redundance. Since the ending of any conjugated verb already indicates who the subject is, it is not necessary to include the pronoun unless you want to either emphasize the subject or clarify it (with the third person, you may need to clarify if you are talking about he, she, it, or you [formal]). Study the following pronouns:

Yo	I
Tú	You (singular, informal)
Usted	You (singular, formal)
Él	He (singular, masculine)
Ella	She (singular, feminine)
Nosotros	We (masculine)
Nosotras	We (feminine)
Vosotros	You (plural, informal, masculine)
Vosotras	You (plural, informal, feminine)
Ellos	They (plural, masculine)
Ellas	They (plural, feminine)

Note that the plural of you, **vosotros** and **vosotras,** is only used in Spain, although you'll be understood by any Spanish speaker if you use it, regardless of the origin of your speaker. This pronoun is the equivalent of the "y'all" or "you guys" used in English. Latin American speakers as well as speakers from the Canary Islands and some areas in the south of Spain use "**ustedes**" for "you" (plural).

VOCABULARIO / **VOCABULARY**

el vocabulario: vocabulary
la gramática: grammar
¡Hola!: Hello!
¡Buenos días!: Good day/Good morning!
¡Adiós!: Goodbye!
¡Hasta luego!: See you later!
señor: mister/sir
un señor: a gentleman
Señor Martínez: Mr. Martínez
Señora Martínez: Mrs. Martínez
Señorita Martínez: Miss Martínez
el diálogo: dialogue
una pregunta: a question
una contestación/respuesta: an answer
sí: yes
no: no
gracias: thank you

esto: this
¿Qué tal?: How are things?
bien: well, good
mal: bad(ly)
muy: very
muy bien: very well
muy mal: very bad(ly)
un mapa: map (region or country)
un plano: street map
un libro de español: Spanish book
un español♂/una española♀: Spaniard
un curso: course
una postal: postcard
una guía: guidebook
una persona: person
una silla: chair
una ciudad: city
un vendedor♂/una vendedora♀: salesman, saleswoman
un♂/una♀: a
unos♂/unas♀: some
algunos♂/algunas♀: some
usted: you (formal)
otro♂/otra♀: another; other
y: and
o: or
¿Qué es?: What is it?
de: of, from
también: also
una lección: lesson

EJERCICIOS / **EXERCISES**

Write the correct indefinite article, un o una, for each noun.

1. una silla
2. _____ plano
3. _____ mapa
4. _____ ciudad
5. _____ pregunta

6. _____ persona
7. _____ libro
8. _____ guía
9. _____ señor
10. _____ español de Madrid

Exercise B

Complete each blank agreeing or disagreeing according to the prompt.

1. Sí, **es** un plano.

2. No, _____ una guía.

3. Sí, _____ un curso.

4. No, _____ un señor.

5. No, _____ una postal.

Exercise C

Can you figure out what these are in Spanish?

1. a person: **una persona**

2. a map: _____

3. a city: _____

4. an answer: _____

5. a Spaniard: _____

Exercise D

Determine whether each noun is feminine or masculine. Write "**el**" ♂ or "**la**" ♀.

1. **la** gramática

2. _____ libro

3. _____ señorita

4. _____ plano

5. _____ diálogo

Exercise E

Can you match each pronoun with its corresponding translation?

1. Vosotras

2. Ellos

3. Ella

4. Ustedes

5. Yo

6. Nosotros

7. Tú

8. Usted

a. You (formal, plural)

b. You (informal, singular)

c. I

d. She

e. We

f. They

g. You (formal, singular)

h. You (informal, plural)

Visit www.berlitzpublishing.com for a bonus internet activity—go to the downloads section and connect to the world in Spanish!

PRESENTACIONES
INTRODUCTIONS

 Mr. Martinez and Ms. Vazquez are meeting for the first time. Listen to the dialogue to find out what they are talking about.

Sr. Martínez	**¡Hola, buenos días! Soy Pablo Martínez. Y usted, ¿quién es?** (<u>o</u>-lah <u>bweh</u>-nos <u>dee</u>-ahs. soyee <u>pah</u>-blo mahr-<u>tee</u>-neth. ee oos-<u>tehd</u> keeyehn ehs) *Hi, good morning. I am Pablo Martínez. And you are?*
Srta. Vázquez	**Yo soy Anita Vázquez. Y usted ¿es mexicano?** (yo soyee ah-<u>nee</u>-tah <u>bath</u>-keth. ee oos-<u>tehd</u> ehs meh-khee-<u>kah</u>-no) *I am Anita Vázquez. Are you Mexican?*
Sr. Martínez	**No. No soy mexicano. No soy venezolano y no soy argentino tampoco.** (no. no soyee meh-khee-<u>kah</u>-no. no soyee beh-neh-tho-<u>lah</u>-no ee no soyee ahr-khehn-<u>tee</u>-no tahm-<u>po</u>-ko) *No, I am not Mexican. I am not Venezuelan and I am not Argentinean either.*

9

Srta. Vázquez	**¿De qué nacionalidad es usted?** (deh keh nah-theeyo-nah-lee-<u>dahd</u> ehs oos-<u>tehd</u>) *(Of) What nationality are you?*
Sr. Martínez	**Yo soy español. Soy de Madrid. Y usted ¿de dónde es?** (yo soyee ehs-pah-<u>nyol</u>. soyee deh mah-<u>dreed</u>. ee oos-<u>tehd</u> deh <u>don</u>-deh ehs) *I am a Spaniard. I am from Madrid. And where are you from?*
Srta. Vázquez	**Yo soy de Barcelona. Ahora trabajo aquí en la Ciudad de México, en un banco. Es un banco muy grande. Y usted, ¿dónde trabaja?** (yo soyee deh barh-theh-<u>lo</u>-nah. ah-<u>o</u>-rah trah-<u>bah</u>-kho ah-<u>kee</u> ehn lah theew-<u>dahd</u> deh <u>meh</u>-khee-ko ehn oon <u>bahn</u>-ko. ehs oon <u>bahn</u>-ko mwee <u>grahn</u>-deh. ee oos-<u>tehd</u> <u>don</u>-deh trah-<u>bah</u>-khah) *I am from Barcelona. Now I work here in Mexico City in a bank. It's a very large bank. And where do you work?*
Sr. Martínez	**¿Yo? Yo trabajo en una escuela. Soy profesor.** (yo. yo trah-<u>bah</u>-kho ehn <u>oo</u>-nah ehs-<u>kweh</u>-lah. soyee pro-feh-<u>sor</u>) *Me? I work in a school. I am a teacher.*

A young man walks by and waves at Mr. Martinez.

Srta. Vázquez	**¿Quién es este chico?** (keeyehn ehs <u>ehs</u>-teh <u>chee</u>-ko) *Who is this boy?*
Sr. Martínez	**Es David. Estudia español. ¡David, un momento, por favor!** (ehs dah-<u>beed</u>. ehs-<u>too</u>-deeyah ehs-pah-<u>nyol</u>. dah-<u>beed</u> oon mo-<u>mehn</u>-to por fah-<u>bor</u>) *It's David. He's studying Spanish. David, one moment please!*
David	**¡Hola, buenos días señorita!** (<u>o</u>-lah <u>bweh</u>-nos <u>dee</u>-ahs seh-nyo-<u>ree</u>-tah) *Hello, good morning miss!*
Sr. Martínez	**Señorita Vázquez, David; David, la señorita Vázquez.** (seh-nyo-<u>ree</u>-tah <u>bath</u>-keth dah-<u>beed</u>. dah-<u>beed</u> lah seh-nyo-<u>ree</u>-tah <u>bath</u>-keth) *Ms. Vazquez, David; David, Ms. Vazquez.*
David	**Encantado.** (ehn-kahn-<u>tah</u>-do) *Pleased to meet you.*

Srta. Vázquez	**Mucho gusto.**
	(<u>moo</u>-cho <u>goos</u>-to)
	Pleased to meet you too.

GRAMÁTICA / GRAMMAR

1. (YO) SOY – (YO) NO SOY / I AM – I AM NOT

Soy Pablo Martínez.
(soyee <u>pah</u>-blo mahr-<u>tee</u>-neth)
I am Pablo Martínez.

No soy David.
(no soyee dah-<u>beed</u>)
I am not David.

The words for *I* (**yo**), *you* (**tú, usted**), etc. are frequently omitted, since in Spanish, the verb form already indicates who we are talking about. Pronouns are usually included either for emphasis or to clarify when needed. The negative (not) is formed by putting **no** before the verb.

Soy David.
(soyee dah-<u>beed</u>)
I am David.

No soy el señor Martínez.
(no soyee ehl seh-<u>nyo</u>r mahr-<u>tee</u>-neth)
I am not Mr. Martínez.

Soy Anita.
(soyee ah-<u>nee</u>-tah)
I am Anita.

No soy la señora Martínez.
(no soyee lah seh-<u>nyo</u>-rah mahr-<u>tee</u>-neth)
I am not Mrs. Martínez.

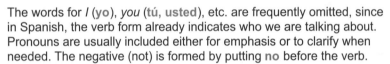

2. USTED ES – USTED NO ES / YOU ARE – YOU ARE NOT

¿Es usted Pablo Martínez?
(ehs oos-<u>tehd</u> <u>pah</u>-blo mahr-<u>tee</u>-neth)
Are you Pablo Martínez?

¿Es usted Anita Vázquez?
(ehs oos-<u>tehd</u> ah-<u>nee</u>-tah <u>bath</u>-keth)
Are you Anita Vázquez?

¿**Es usted** David?
(ehs oos-<u>tehd</u> dah-<u>beed</u>)
Are you David?

In Spanish you do not need to change the word order to form a question, though sometimes the pronoun (**yo, tú,** etc.) will follow the verb. Just remember the inverted question mark when writing and reading. Spanish word order is very flexible.

¿**Es usted** Pablo?   *Are you Pablo? (question)*
(ehs oos-<u>tehd</u> <u>pah</u>-blo)
¿**Usted es** Pablo?
(oos-<u>tehd</u> ehs <u>pah</u>-blo)

Usted es Pablo.   *You are Pablo. (statement)*
(oos-<u>tehd</u> ehs <u>pah</u>-blo)

Usted no es Pablo Martínez.
(oos-<u>tehd</u> no ehs <u>pah</u>-blo mahr-<u>tee</u>-neth)
You are not Pablo Martínez.

Usted no es Anita Vázquez.
(oos-<u>tehd</u> no ehs ah-<u>nee</u>-tah <u>bath</u>-keth)
You are not Anita Vázquez.

Usted no es David.
(oos-<u>tehd</u> no ehs dah-<u>beed</u>)
You are not David.

Entonces ¿quién **es usted**?   *Answer:* **Yo soy...**
(ehn-<u>ton</u>-thehs keeyehn ehs oos-<u>tehd</u>)   (yo soyee)
Then, who are you?

¡Muy bien, gracias!
(mwee beeyehn <u>grah</u>-theeyahs)
Very good, thanks!

¿**Es usted** argentino? ¿**Usted es** argentino? ¿**Es** argentino?
(ehs oos-<u>tehd</u> ahr-khehn-<u>tee</u>-no) (oos-<u>tehd</u> ehs ahr-khehn-<u>tee</u>-no)
(ehs ahr-khehn-<u>tee</u>-no)
Are you Argentinean?

Oh, **no es** argentino.
(oh no ehs ahr-khehn-<u>tee</u>-no)
Oh, you are not Argentinean.

¿**Es usted** venezolano?
(ehs oos-<u>tehd</u> beh-neh-tho-<u>lah</u>-no)
Are you Venezuelan?

¿No? ¿De qué nacionalidad **es usted**?
(no, deh keh nah-theeyo-nah-lee-<u>dahd</u> ehs oos-<u>tehd</u>)
No? (Of) What nationality are you?

Respuestas:
(rehs-<u>pwehs</u>-tahs)
Answers:

Soy estadounidense.
(soyee ehs-tah-do-oo-nee-<u>dehn</u>-seh)
I am American.

Soy español ♂ /española ♀.
(soyee ehs-pah-<u>nyol</u> ♂ /
ehs-pah-<u>nyo</u>-lah ♀)
I am Spanish.

Soy inglés ♂ /inglesa ♀.
(soyee een-<u>glehs</u> ♂ /een-<u>gleh</u>-sah ♀)
I am English.

Soy alemán ♂ /alemana ♀.
(soyee ah-leh-<u>mahn</u> ♂ /
ah-leh-<u>mah</u>-nah ♀)
I am German.

Soy canadiense.
(soyee kah-nah-<u>deeyehn</u>-seh)
I am Canadian.

Soy japonés ♂ /japonesa ♀.
(soyee khah-po-<u>nehs</u> ♂ /
khah-po-<u>neh</u>-sah ♀)
I am Japanese.

Soy chino ♂ /china ♀.
(soyee <u>chee</u>-no ♂ /<u>chee</u>-nah ♀)
I am Chinese.

Soy ruso ♂ /rusa ♀.
(soyee <u>roo</u>-so ♂ /<u>roo</u>-sah ♀)
I am Russian.

3. ÉL ES – ÉL NO ES / HE IS – HE IS NOT

él es	él no es
he is	*he is not*
	(or sometimes: it is; it is not)

El señor Martínez es español.
(ehl seh-<u>nyor</u> mahr-<u>tee</u>-neth ehs ehs-pah-<u>nyol</u>)
Mr. Martínez is Spanish.

Él es canadiense.
(ehl ehs kah-nah-<u>deeyehn</u>-seh)
He is Canadian.

Él no es español.
(ehl no ehs ehs-pah-<u>nyol</u>)
He is not Spanish.

Él no es japonés.
(ehl no ehs khah-po-<u>nehs</u>)
He is not Japanese.

4. ELLA ES – ELLA NO ES / SHE IS – SHE IS NOT

ella es	ella no es
she is	*she is not*
	(or sometimes: it is; it is not)

Y la señorita Vázquez, ¿**ella es** venezolana?
(ee lah seh-nyo-<u>ree</u>-tah <u>bath</u>-keth <u>eh</u>-yah ehs beh-neh-tho-<u>lah</u>-nah)
And Ms. Vázquez, is she Venezuelan?

No, ella no es venezolana.
(no <u>eh</u>-yah no ehs beh-neh-tho-<u>lah</u>-nah)
No, she's not Venezuelan.

Ella no es rusa.
(<u>eh</u>-yah no ehs <u>roo</u>-sah)
She isn't Russian.

Ella no es japonesa.
(<u>eh</u>-yah no ehs khah-po-<u>neh</u>-sah)
She isn't Japanese.

Ella no es inglesa.
(<u>eh</u>-yah no ehs een-<u>gleh</u>-sah)
She isn't English.

¿De qué nacionalidad es?
(deh keh nah-theeyo-nah-lee-<u>dahd</u> ehs)
What nationality is she?

Ella es española.
(<u>eh</u>-yah ehs ehs-pah-<u>nyo</u>-lah)
She is Spanish.

5. ESPAÑOL♂/ESPAÑOLA♀ / **SPANISH**

In the last example, español has become española because it applies to señorita Vázquez (female). When used with a feminine noun the adjective ending must be changed to match it. Here are the masculine and the feminine forms of some of the adjectives we have already encountered.

Masculino	Femenino
español	española
mexicano	mexicana
ruso	rusa
venezolano	venezolana

Adjectives ending in -o change the -o to -a in the feminine. S is added to both masculine and feminine to form the plural. Adjectives are normally placed after the noun they qualify and they must agree in number (singular or plural) and gender (masculine or feminine) with the noun.

canadiense	canadiense

Adjectives ending in -e keep the same form in the feminine and add -s in the plural.

español	española
japonés	japonesa
inglés	inglesa

Most adjectives ending in a consonant (except those ending in -án, -ón, -or, which change to -ana, -ona, -ora) do not have a different form in the feminine. They add -es to form the plural. Adjectives of nationality are an exception to this rule. Note that adjectives of the above types lose the written accent when an extra syllable is added, and that adjectives and nouns of nationality are written with a small initial letter. Remember that when the noun is masculine (un/el) the adjective must be used in its masculine form.

un chico pequeño
(oon <u>chee</u>-ko peh-<u>keh</u>-nyo)
a small boy

un chico grande
(oon <u>chee</u>-ko <u>grahn</u>-deh)
a big boy

un chico estadounidense
(oon <u>chee</u>-ko ehs-tah-do-oo-nee-<u>dehn</u>-seh)
an American boy

un libro italiano
(oon <u>lee</u>-bro ee-tah-<u>leeyah</u>-no)
an Italian book

los mapas grandes
(los <u>mah</u>-pahs <u>grahn</u>-dehs)
the large maps

When the noun is feminine (**una/la**) the adjective must be used in its feminine form.

una persona pequeña
(<u>oo</u>-nah pehr-<u>so</u>-nah peh-<u>keh</u>-nyah)
a small person

The noun **persona** (even if referring to a male) is feminine and so in the above example, the adjective must be **pequeña** and not **pequeño**.

una guía pequeña
(<u>oo</u>-nah <u>gee</u>-ah peh-<u>keh</u>-nyah)
a small guide book

una casa pequeña
(<u>oo</u>-nah <u>kah</u>-sah peh-<u>keh</u>-nyah)
a small house

la chica japonesa
(lah <u>chee</u>-kah khah-po-<u>neh</u>-sah)
the Japanese girl

las sillas pequeñas
(lahs <u>see</u>-yahs peh-<u>keh</u>-nyahs)
the small chairs

una tarjeta grande
(<u>oo</u>-nah tahr-<u>kheh</u>-tah <u>grahn</u>-deh)
a large postcard

---

6. "SER" Y VERBOS TERMINADOS EN -AR / "TO BE" AND VERBS ENDING IN -AR

Ser (*to be*) is used to give definitions and characteristics or features that are inherent to the person or thing being discussed. In Lesson 3 you will learn **estar** (also translated as *to be*) which is used to indicate physical location and to express more temporary conditions or characteristics. The main forms of **ser** are:

Yo **soy**	Usted/Él/Ella **es**	Nosotros **somos**	Ellos **son**
I am	*You/He/She/It is*	*We are*	*They are*

Note: **Yo, él, ella,** etc. are generally left out. They are used only to avoid ambiguity, e.g. **Es grande,** could mean, he, she, it, you, is/are big. You may need to clarify the meaning by saying **usted es grande,** etc.

Ex.:
Pablo es alemán.
(<u>pah</u>-blo ehs ah-leh-<u>mahn</u>)
Pablo is German.

Usted es alto.
(oos-<u>tehd</u> ehs <u>ahl</u>-to)
You are tall.

¿**Ella es** de Buenos Aires?
(<u>eh</u>-yah ehs deh <u>bweh</u>-nos <u>ayee</u>-rehs)
Is she from Buenos Aires?

---

7. VERBOS REGULARES TERMINADOS EN -AR / REGULAR VERBS ENDING IN -AR

In Spanish, verbs in the infinitive form (*to work*-**trabajar**) end in **-ar, -er,** or **-ir.** Based on this, you can figure out the endings required to form the word for each subject of the verb. This is only true of regular verbs, that is, verbs which have a <u>predictable pattern</u> that allows you to know beforehand what the ending of each form will be. There are other verbs which are irregular, that is, verbs which you have to memorize, since there is no way to predict what the verb will look like for each given subject. For the time being, let's focus on the regular endings.

TRABAJAR
to work

To form the first person of -ar verbs, take the stem (the whole verb without the -ar) and add an -o.

Trabaj-**ar**   Yo trabaj**o** *I work*

To form the third person singular, take the stem and add -a; or add -an to form the third person plural.

Trabaj-**ar**	Usted/Él/Ella trabaj**a**	Ellos trabaj**an**
	You/He/She/It works	*They work*

To form the first person plural, add -amos.

Trabaj-**ar**   Nosotros trabaj**amos**
                                   We work

17

Ex.:
Cristóbal **no trabaja** en un banco.
(krees-<u>to</u>-bahl no trah-<u>bah</u>-khah ehn oon <u>bahn</u>-ko)
Christopher does not work at a bank.

¿Dónde **trabaja**?
(<u>don</u>-deh trah-<u>bah</u>-khah)
Where does he work?

Other regular -**ar** verbs will have the same endings.

Ex.:
¿**Estudia usted** español o japonés?
(ehs-<u>too</u>-deeyah oos-<u>tehd</u> ehs-pah-<u>nyol</u> o khah-po-<u>nehs</u>)
Do you study Spanish or Japanese?

¿Y Anita? ¿**Toma** té o café?
(ee ah-<u>nee</u>-tah, <u>to</u>-mah teh o kah-<u>feh</u>)
And Anita? Does she drink tea or coffee?

In questions, if you need to use the pronouns (e.g. él, ella, usted, etc.), they may follow the verb as above.

---

8. ESTE, ESE, AQUEL / THIS, THAT, THE ONE OVER THERE

Spanish doesn't have just *this* and *that,* but three forms to indicate how close or far things are from the person speaking: *this, these* (nearby) este, estos; *that, those* (close by, but a little farther away) ese, esos; and *that, those* (far away from the speaker) aquel, aquellos. There is an additional form ending in -o (esto, eso, aquello) which does not refer to a specific object, and is considered neutral. This form cannot act as adjective and always functions as a pronoun.

Ex.:
Este libro es grande. **Ese libro** es pequeño. **Aquel libro** es muy grande.
(<u>ehs</u>-teh <u>lee</u>-bro ehs <u>grahn</u>-deh. <u>eh</u>-seh <u>lee</u>-broh ehs peh-<u>keh</u>-nyo. ah-<u>kehl</u> <u>lee</u>-bro ehs mwee <u>grahn</u>-deh)
This book is big. That book is small. That book over there is very big.

Esto es ridículo.
(<u>ehs</u>-to ehs ree-<u>dee</u>-koo-lo)
This is ridiculous.

These adjectives also have a feminine form for singular and plural nouns, which will be discussed later in this book. For the time being, try to remember the three masculine options in Spanish.

VOCABULARIO / **VOCABULARY**

el ejemplo: example
la presentación: introduction
¿dónde?: where?
¿de dónde?: from where?
¿quién?: who?
por favor: please
un momento: one moment
ahora: now
aquí: here
la nacionalidad: nationality
¿de qué nacionalidad?: (of) what nationality?
tampoco: nor; not either
español♂/española♀: Spanish
mexicano♂/mexicana♀: Mexican
argentino♂/argentina♀: Argentinian
venezolano♂/venezolana♀: Venezuelan
chileno♂/chilena♀: Chilean
chino♂/china♀: Chinese
ruso♂/rusa♀: Russian
italiano♂/italiana♀: Italian
canadiense: Canadian
inglés♂/inglesa♀: English
francés♂/francesa♀: French
japonés♂/japonesa♀: Japanese
apropiado♂/apropiada♀: appropriate
interesante: interesting
alto♂/alta♀: tall; high
pequeño♂/pequeña♀: small
grande: large
ridículo♂/ridícula♀: ridiculous
muy: very
el idioma: language
el chico: boy
el profesor♂/la profesora♀: teacher
el profesor♂/la profesora♀ de español: the Spanish teacher (of Spanish)
el profesor español♂/la profesora española♀: the Spanish teacher (from Spain)
Nueva York: New York
Londres: London
París: Paris
el verbo: verb

el adjetivo: adjective
ser: to be
estudiar: to study
trabajar: to work
tomar: to take
escribir: to write

EJERCICIOS / **EXERCISES**

Exercise A

Answer each question below with a complete sentence. Follow the model provided to guide you.

Ex.:
¿Es usted profesor de español?
No, no soy profesor de español.

1. ¿Es usted de Madrid? _____

2. ¿Es usted de Nueva York? _____

3. ¿Es usted de Londres? _____

4. ¿Es usted canadiense? _____

5. ¿Estudia usted francés? _____

6. ¿Es usted español (o española)? _____

7. ¿Usted trabaja en París? _____

8. ¿Trabaja usted en un banco? _____

Exercise B

Select the most appropriate adjective to complete each sentence. Pay attention to the number and gender of the noun and make sure the adjective agrees with it.

Ex.:
Es una ciudad _____. (pequeña/pequeño)
Es una ciudad **pequeña**.

1. El profesor de alemán es muy _____. (alto/alta)

2. _____ persona es inglesa. (este/esta)

3. ¿La señora García es _____? (chileno/chilena)

4. Trabaja en un banco _____. (español/española)

5. ¿El señor Dupont es _____? (francés/francesa)

6. Estas guías son _____. (rusos/rusas)

7. La escuela de Pablo es _____. (pequeño/pequeña)

8. Aquel libro es _____. (ridículo/ridícula)

9. Nosotras somos _____. (bajos/bajas)

10. Aquel chico no es _____ tampoco. (italiano/italiana)

Visit www.berlitzpublishing.com for a bonus internet activity—go to the downloads section and connect to the world in Spanish!

3

ANITA VA DE VIAJE
ANITA GOES ON A TRIP

Anita is putting away some things before she goes away on a trip. David stops by to chat for a bit.

David   **Anita, ¿tiene un billete para el avión?**
(ah-<u>nee</u>-tah <u>teeyeh</u>-neh oon bee-<u>yeh</u>-teh <u>pah</u>-rah ehl ah-<u>beeyon</u>)
Anita, do you have a plane ticket?

Anita   **Sí, David. Tengo un billete de Iberia. Está en mi bolso.**
(see dah-<u>beed</u>. <u>tehn</u>-go oon bee-<u>yeh</u>-teh deh ee-<u>beh</u>-reeyah. ehs-<u>tah</u> ehn mee <u>bol</u>-so)
Yes David. I have an Iberia ticket. It's in my purse.

David   **También tiene una maleta, ¿verdad?**
(tahm-<u>beeyehn</u> <u>teeyeh</u>-neh <u>oo</u>-nah mah-<u>leh</u>-tah behr-<u>dahd</u>)
You also have a suitcase, right?

Anita   Sí. ¡Claro! Viajo con una maleta grande. En la maleta tengo una falda, un suéter, dos o tres blusas, un pantalón, zapatillas de deporte...
(see. <u>klah</u>-ro. <u>beeyah</u>-kho kon <u>oo</u>-nah mah-<u>leh</u>-tah grahn-deh. ehn lah mah-<u>leh</u>-tah <u>tehn</u>-go <u>oo</u>-nah <u>fahl</u>-dah oon <u>sweh</u>-tehr dos o trehs <u>bloo</u>-sahs oon pahn-tah-<u>lon</u> thah-pah-<u>tee</u>-yahs deh deh-<u>por</u>-teh...)
Yes, of course. I travel with a large suitcase. In the suitcase I have a skirt, a sweater, two or three blouses, pants, sneakers...

David   ¿Tiene pasaporte o carnet de identidad?
(<u>teeyeh</u>-neh pah-sah-<u>por</u>-teh o kahr-<u>neht</u> deh ee-dehn-tee-<u>dahd</u>)
Do you have a passport or ID card?

Anita   Sí, tengo un pasaporte.
(see <u>tehn</u>-go oon pah-sah-<u>por</u>-teh)
Yes, I have a passport.

David   Bueno pues ¿a dónde va? ¿A Nueva York?
(<u>bweh</u>-no pwehs ah <u>don</u>-deh bah. ah <u>nweh</u>-bah york)
Well then, where are you going? To New York?

Anita   No, no voy a Nueva York sino a Sevilla, en España.
(no no boyee ah <u>nweh</u>-bah york <u>see</u>-no ah seh-<u>bee</u>-yah ehn ehs-<u>pah</u>-nyah)
No. I'm not going to New York. I'm going to Seville in Spain.

David   ¿Para ir al aeropuerto toma un taxi o el metro, o va en autobús?
(<u>pah</u>-rah eer ahl ah-eh-ro-<u>pwehr</u>-to <u>to</u>-mah oon <u>tahk</u>-see o ehl <u>meh</u>-tro o bah ehn aw-to-<u>boos</u>)
To go to the airport, do you take a cab or the subway, or do you go by bus?

Anita   Voy en taxi.
(boyee ehn <u>tahk</u>-see)
I'm going by taxi.

David   ¿Cuándo sale? ¿Hoy?
(<u>kwahn</u>-do <u>sah</u>-leh oyee)
When are you leaving? Today?

Anita   No. Salgo mañana.
(no. <u>sahl</u>-go mah-<u>nyah</u>-nah)
No. I leave tomorrow.

David   ¿A qué hora?
(ah keh o̱-rah)
At what time?

Anita   **A las tres. Es usted muy curioso, David.**
(ah lahs trehs. ehs oos-<u>tehd</u> mwee koo-<u>reeyo</u>-so dah-<u>beed</u>)
At three o'clock. You are very curious, David.

David   **Pero vuelve pronto ¿verdad?**
(<u>peh</u>-ro <u>bwehl</u>-beh <u>pron</u>-to behr-<u>dahd</u>)
But you're coming back soon, right?

Anita   **Sí, vuelvo en ocho días. Tengo mucho trabajo aquí.**
(see <u>bwehl</u>-bo ehn o̱-cho <u>dee</u>-ahs. <u>tehn</u>-go <u>moo</u>-cho
trah-<u>bah</u>-kho ah-<u>kee</u>)
Yes. I'm coming back in eight days. I have a lot of work here.

David   **¡Buen viaje, Anita! ¡Hasta luego!**
(bwehn <u>beeyah</u>-kheh ah-<u>nee</u>-tah. <u>ahs</u>-tah <u>lweh</u>-go)
Have a good trip, Anita. See you soon!

Anita   **¡Hasta luego! ¡A estudiar!**
(<u>ahs</u>-tah <u>lweh</u>-go. ah ehs-too-<u>deeyahr</u>)
See you soon. Study hard.

GRAMÁTICA / GRAMMAR

1. TENGO – NO TENGO / I HAVE – I HAVE NOT

Tengo una maleta.
(<u>tehn</u>-go <u>oo</u>-nah mah-<u>leh</u>-tah)
I have a suitcase.

No tengo billete.*
(no <u>tehn</u>-go bee-<u>yeh</u>-teh)
I don't have a ticket.

Notice that with **tener** after a negative, and often in questions, the indefinite article (**un, una**) is left out.

No tengo trabajo.
(no <u>tehn</u>-go trah-<u>bah</u>-kho)
I don't have a job.

No tengo coche.*
(no <u>tehn</u>-go <u>ko</u>-cheh)
I don't have a car.

*In many Latin American countries, the word **boleto** is used for ticket and **carro** for car.

2. (USTED) TIENE – (USTED) NO TIENE / YOU HAVE – YOU HAVE NOT

¿**Usted tiene** un bolígrafo o un lápiz?
(oos-<u>tehd</u> <u>teeyeh</u>-neh oon bo-<u>lee</u>-grah-fo o oon <u>lah</u>-peeth)
Do you have a pen or a pencil?

¿**Tiene** un profesor bueno?
(<u>teeyeh</u>-neh oon pro-feh-<u>sor</u> <u>bweh</u>-no)
Do you have a good teacher?

¿Qué **tiene** en aquel bolso?
(keh <u>teeyeh</u>-neh ehn ah-<u>kehl</u> <u>bol</u>-so)
What do you have in that purse?

Remember that **él** and **ella** take the same form of the verb as **usted**.

Anita tiene una falda y unas blusas.
(ah-<u>nee</u>-tah <u>teeyeh</u>-neh <u>oo</u>-nah <u>fahl</u>-dah ee <u>oo</u>-nahs <u>bloo</u>-sahs)
Anita has a skirt and some blouses.

¿**El señor Martínez tiene** mucho trabajo?
(ehl seh-<u>nyor</u> mahr-<u>tee</u>-neth <u>teeyeh</u>-neh <u>moo</u>-cho trah-<u>bah</u>-kho)
Does Mr. Martínez have a lot of work?

Iberia tiene muchos aviones.
(ee-<u>beh</u>-reeyah <u>teeyeh</u>-neh <u>moo</u>-chos ah-<u>beeyo</u>-nehs)
Iberia has many airplanes.

---

3. TENEMOS – NO TENEMOS / WE HAVE – WE HAVE NOT

Nosotros tenemos ocho días de vacaciones.
(no-<u>so</u>-tros teh-<u>neh</u>-mos <u>o</u>-cho <u>dee</u>-ahs deh bah-kah-<u>theeyo</u>-nehs)
We have eight days' vacation.

¿**Tenemos** el número de teléfono?
(teh-<u>neh</u>-mos ehl <u>noo</u>-meh-ro deh teh-<u>leh</u>-fo-no)
Do we have the telephone number?

Note: **Nosotros** is used to express *we* in all-male or mixed groups, whereas **nosotras** is used for an all-female group.

---

4. TIENEN – NO TIENEN / THEY HAVE – THEY HAVE NOT

Tienen muchos problemas.
(<u>teeyeh</u>-nehn <u>moo</u>-chos pro-<u>bleh</u>-mahs)
They have many problems.

Ellos tienen un coche japonés.
(<u>eh</u>-yos <u>teeyeh</u>-nehn oon <u>ko</u>-cheh khah-po-<u>nehs</u>)
They have a Japanese car.

¿Cuándo **tienen ustedes** vacaciones?
(<u>kwahn</u>-do <u>teeyeh</u>-nehn oos-<u>teh</u>-dehs bah-kah-<u>theeyo</u>-nehs)
When are you on vacation?

---

5. ¿MASCULINO O FEMENINO? / MASCULINE OR FEMININE?

You are beginning to know when to use **un** or **una, unos** or **unas,** and **el** or **la, los** or **las.** Learn each noun with its article in order to remember its gender and make the adjective agree. Here are a few tips to help you with the gender of nouns.

The following are masculine:

Nouns for males (people and animals)	
el padre - father	**el toro** - bull

Nouns ending in	exceptions	
-o	la mano	hand
	la foto	photograph
	la moto	motorbike
-e (most)	la calle	street
	la gente	people
	la clase	class
	la llave	key
	la tarde	afternoon
	la leche	milk

The following are feminine:

Nouns for females (people and animals)	
la madre - mother	**la vaca** - cow

Nouns ending in	Exceptions	
-a	el día	day
	el mapa	map
	el problema	problem
	el programa	program
-ción, -sión		
-dad, -tud		

Study these examples:

El chico alto es Tomás.
(ehl <u>chee</u>-ko <u>ahl</u>-to ehs to-<u>mahs</u>)
The tall boy is Tomas.

El señor Schmidt es alemán.
(ehl seh-<u>nyor</u> Schmidt ehs ah-leh-<u>mahn</u>)
Mr. Schmidt is German.

Trabaja en un banco pequeño en Santiago.
(trah-<u>bah</u>-khah ehn oon <u>bahn</u>-ko peh-<u>keh</u>-nyo ehn sahn-<u>teeyah</u>-go)
He works at a small bank in Santiago.

No es un pasaporte chileno, sino mexicano.
(no ehs oon pah-sah-<u>por</u>-teh chee-<u>leh</u>-no <u>see</u>-no meh-khee-<u>kah</u>-no)
It's not a Chilean passport, but a Mexican one.

Tengo los billetes.
(<u>tehn</u>-go los bee-<u>yeh</u>-tehs)
I have the tickets.

¿Dónde tiene el carnet de identidad?
(<u>don</u>-deh <u>teeyeh</u>-neh ehl kahr-<u>neht</u> deh ee-dehn-tee-<u>dahd</u>)
Where do you have your ID card?

Trabajamos en otra ciudad.
(trah-bah-<u>khah</u>-mos ehn <u>o</u>-trah theew-<u>dahd</u>)
We work in another city.

---

6. PERO, OTRO, MUCHO / BUT, OTHER, A LOT/MANY

Pero means but, and is used as in English. Sino means but and is used only when denying one thing and confirming another.

No soy hispano **pero** hablo español.
(no soyee ees-<u>pah</u>-no <u>peh</u>-ro <u>ah</u>-blo ehs-pah-<u>nyol</u>)
I'm not Hispanic, but I speak Spanish.

No soy profesor **sino** estudiante.
(no soyee pro-feh-<u>sor</u> <u>see</u>-no ehs-too-<u>deeyahn</u>-teh)
I am not a teacher, but a student.

No voy en avión **sino** en tren.
(no boyee ehn ah-<u>beeyon</u> <u>see</u>-no ehn trehn)
I am not going by plane, but by train.

OTRO, OTRA; OTROS, OTRAS means *other, another*

Estudio **otra** lección.
(ehs-<u>too</u>-deeyo <u>o</u>-trah lehk-<u>theeyon</u>)
I study another lesson.

Tomamos **otro** café con leche.
(to-<u>mah</u>-mos <u>o</u>-tro kah-<u>feh</u> kon <u>leh</u>-cheh)
We have another coffee with cream.

Never, ever, translate "another" as "un otro." Although this is a common mistake for English-speaking students of Spanish, it makes no sense in Spanish and it is never correct.

MUCHO, MUCHA; MUCHOS, MUCHAS means *a lot, many.*

Usted tiene **mucho trabajo.**
(oos-<u>tehd</u> <u>teeyeh</u>-neh <u>moo</u>-cho trah-<u>bah</u>-kho)
You have a lot of work.

Muchas personas van a escuelas de idiomas.
(<u>moo</u>-chahs pehr-<u>so</u>-nahs bahn ah ehs-<u>kweh</u>-lahs deh ee-<u>deeyo</u>-mahs)
Many people go to language schools.

---

7. VERBOS / **VERBS**

Trabajar, tomar, and **estudiar** in Lesson 2 were models for regular -ar verbs. **Comer** is a model for a regular -er verb, and **vivir** is a model for a regular -ir verb. This means that you can use the same endings attached to the root of each verb in order to form the words for each subject.

Some verbs like **comer** are: **beber** - to drink; **correr** - to run

Beb-er			
to drink			
Yo beb**o**	Usted/Él/Ella beb**e**	Nosotros beb**emos**	Ellos beb**en**
I drink	*You/He/She/It drinks*	*We drink*	*They drink*

Some verbs like vivir are: escribir - to write; insistir - to insist

Escrib-ir

to write

Yo escribo	Usted/Él/Ella escribe	Nosotros escribimos	Ellos escriben
I write	*You/He/She/It writes*	*We write*	*They write*

Comemos en el hotel.
(ko-<u>meh</u>-mos ehn ehl o-<u>tehl</u>)
We eat at the hotel.

Beben café y té.
(<u>beh</u>-behn kah-<u>feh</u> ee teh)
They drink coffee and tea.

Corren a la escuela.
(<u>ko</u>-rrehn ah lah ehs-<u>kweh</u>-lah)
They run to school.

¿Dónde **vive** usted?
(<u>don</u>-deh <u>bee</u>-beh oos-<u>tehd</u>)
Where do you live?

Just like **ser** in Lesson 1, the following are irregular verbs. This means that their stems change in a way that does not follow the norm. However, many of these verbs have the same change. Look at the following verbs. Can you see a common pattern in the way they change to form the first person (**yo**)?

Salir *to go out*	**Salgo.** (<u>sahl</u>-go) *I go out.*
Venir *to come*	**Vengo.** (<u>behn</u>-go) *I come.*
Decir *to tell*	**No digo mucho.** (no <u>dee</u>-go <u>moo</u>-cho) *I don't say much.*

Tener is another verb that forms the first person in a similar way to those above (tengo). Its main forms are:

Yo **tengo**	Usted/Él/Ella **tiene**	Nosotros **tenemos**	Ellos **tienen**
I have	*You/He/She/ It has*	*We have*	*They have*

It is also a verb commonly used in idiomatic expressions, that is, expressions that have a meaning other than their literal translation. Take a look at the list below.

tener frío
(teh-<u>nehr</u> <u>free</u>-o)
to be cold

tener suerte
(teh-<u>nehr</u> <u>swehr</u>-teh)
to be lucky

tener hambre
(teh-<u>nehr</u> <u>ahm</u>-breh)
to be hungry

tener calor
(teh-<u>nehr</u> kah-<u>lor</u>)
to be hot

tener sed
(teh-<u>nehr</u> sehd)
to be thirsty

tener miedo
(teh-<u>nehr</u> <u>meeyeh</u>-do)
to be afraid

Yo **no tengo** calor sino frío.
(yo no <u>tehn</u>-go kah-<u>lor</u> <u>see</u>-no <u>free</u>-o)
I am not hot, but cold.

¿**No tienen** café aquí?
(no <u>teeyeh</u>-nehn kah-<u>feh</u> ah-<u>kee</u>)
Don't they have coffee here?

Ir is a very common verb, although highly irregular.

Yo **voy**	Usted/Él/Ella **va**	Nosotros **vamos**	Ellos **van**
I go	*You/He/She/It goes*	*We go*	*They go*

It is used in its literal sense of to go:

Vamos a Lima.
(<u>bah</u>-mos ah <u>lee</u>-mah)
We are going to Lima.

¿Ellos **van** al aeropuerto?
(<u>eh</u>-yos bahn ahl ah-eh-ro-<u>pwehr</u>-to)
Are they going to the airport?

It is also used to mean "to be going to do something." In this case it is followed by **a,** and the infinitive of the verb in question.

Voy a hablar español.
(boyee ah ah-<u>blahr</u> ehs-pah-<u>nyol</u>)
I am going to speak Spanish.

No van a vivir en aquella ciudad.
(no bahn ah bee-<u>beer</u> ehn ah-<u>keh</u>-yah theew-<u>dahd</u>)
They are not going to live in that city.

In Lesson 2 you learned **ser,** meaning "to be," and used it to say who or what something or somebody is, and to denote permanent characteristics and features.

ESTAR also means "to be" and is used to indicate where something is, and to describe its condition or state at that moment. Its main forms are as follows:

Yo **estoy**	Usted/Él/Ella **está**	Nosotros **estamos**	Ellos **están**
I am	*You/He/She/It is*	*We are*	*They are*

El hotel **está** en la otra calle.
(ehl o-<u>tehl</u> ehs-<u>tah</u> ehn lah <u>o</u>-trah <u>kah</u>-yeh)
The hotel is on the other street.

¿Dónde **está** la foto de la otra casa?
(<u>don</u>-deh ehs-<u>tah</u> lah <u>fo</u>-to deh lah <u>o</u>-trah <u>kah</u>-sah)
Where is the photograph of the other house?

¿Cómo **está** usted?
(<u>ko</u>-mo ehs-<u>tah</u> oos-<u>tehd</u>)
How are you?

Estoy muy bien, gracias.
(ehs-<u>toyee</u> mwee beeyehn <u>grah</u>-theeyahs)
I am very well, thank you.

VOLVER means to return. It is also used with **a** followed by an infinitive to mean that you are going to do something again.

It has a predictable irregularity. When the -o- of volver receives the stress, it becomes -ue-. This happens in all forms of the verb in the present tense, except nosotros and vosotros. You can use volver as a model for other verbs with the same stem change, o to ue.

Yo vuelvo	Usted/Él/Ella vuelve	Nosotros volvemos	Ellos vuelven
I return	You/He/She/It returns	We return	They return

Vuelven a Valparaíso.
(bwehl-behn ah bahl-pah-rah-ee-so)
They return to Valparaíso.

Volvemos todos a estudiar gramática.
(bol-beh-mos to-dos ah ehs-too-deeyahr grah-mah-tee-kah)
We all study grammar again.

Vuelve a escribir la postal.
(bwehl-beh ah ehs-kree-beer lah pos-tahl)
He writes the postcard again.

VOCABULARIO / **VOCABULARY**

el viaje: trip
el autobús: bus
el taxi: taxi
el metro: subway
el pasaporte: passport
el carnet de identidad: ID card
el billete: ticket
el avión: airplane
el aeropuerto: airport
el bolso: purse
la maleta: suitcase
la falda: skirt
el suéter: sweater
el zapato: shoe
las zapatillas de deporte: sneakers
la blusa: blouse
el pantalón: pants, trousers
bueno♂/buena♀: good
malo♂/mala♀: bad
curioso♂/curiosa♀: curious
pues: well; then
bueno pues: well then
pronto: soon

mi: my
sino: but
para: for, in order to
el día: day
siete días: seven days (used for one week)
la hora: hour
otro♂/otra♀: other, another
hoy: today
¿cómo?: how?
¿a qué hora?: at what time?
mucho♂/mucha♀: a lot, many
todo♂/toda♀: everything, all (of something)
el trabajo: work
el lápiz: pencil
el bolígrafo: pen
hablar: to speak
escribir: to write
vivir: to live
insistir: to insist
beber: to drink
venir: to come
decir: to say
tener: to have
tener frío: to be cold
tener calor: to be hot
tener sed: to be thirsty
tener hambre: to be hungry
tener miedo: to be afraid
tener suerte: to be lucky
ir: to go
ir a (+ *infinitive*): to be going to (do)
volver: to return
estar: to be
el tren: train
el número: number
el teléfono: telephone
el toro: bull
la vaca: cow
el padre: father
la madre: mother
la mano: hand
la foto: photograph
la moto: motorbike
el hotel: hotel
la calle: street
la clase: class

la leche: milk
la tarde: afternoon
la gente: people
la llave: key
el día: day
el programa: program
el problema: problem
con: with

EJERCICIOS / **EXERCISES**

Answer the questions below using the information from this lesson's dialogue.

Ex.:
¿Anita va de viaje?
Sí, ella va de viaje.

1. ¿Tiene un billete para el avión? _____

2. ¿Dónde está el billete? _____

3. ¿Viaja con una maleta grande? _____

4. ¿Qué tiene en la maleta? _____

5. ¿Tiene pasaporte o carnet de identidad? _____

6. ¿Adónde va Anita? _____

7. ¿Cómo va a ir al aeropuerto? _____

8. ¿Sale hoy? _____

9. ¿A qué hora va a salir? _____

10. ¿Cuándo vuelve Anita? _____

_____

11. ¿David va a viajar también? _____

_____

12. David es muy curioso, ¿verdad? _____

_____

13. Y usted, ¿va de viaje mucho? _____

_____

14. Para ir al aeropuerto ¿toma usted un taxi, un autobús o el metro?

_____

Visit www.berlitzpublishing.com for a bonus internet
activity—go to the downloads section and connect to the
world in Spanish!

4

HABLANDO POR TELÉFONO
SPEAKING ON THE TELEPHONE

Mr. Martinez's wife calls her neighbor Paco to chat with him for a while. Listen to their conversation and find out what Mrs. Martinez's plans are.

Sra. Martínez	**¿Paco? ¿Qué tal? ¿Cómo está?**
	(<u>pah</u>-ko. keh tahl. <u>ko</u>-mo ehs-<u>tah</u>)
	Paco? How are things? How are you?
Paco	**Estoy bien gracias, en casa…**
	(ehs-<u>toyee</u> beeyehn <u>grah</u>-theeyahs ehn <u>kah</u>-sah…)
	I'm fine, thanks. I'm at home…
Sra. Martínez	**¿Qué día es hoy? Es jueves, ¿verdad?**
	(keh <u>dee</u>-ah ehs oyee. ehs <u>khweh</u>-behs behr-<u>dahd</u>)
	What day is it today? It's Thursday, isn't it?
Paco	**¿Jueves? ¡Qué va! No es jueves. Tengo mi agenda aquí. Hoy es viernes. ¿Por qué?**
	(<u>khweh</u>-behs. keh bah. no ehs <u>khweh</u>-behs. <u>tehn</u>-go mee ah-<u>khehn</u>-dah ah-<u>kee</u>. oyee ehs <u>beeyehr</u>-nehs. por keh)

Thursday? No way! It's not Thursday. I have my appointment book here. Today is Friday. Why?

Sra. Martínez ¿Viernes, ya? Pero es verdad.
(<u>beeyehr</u>-nehs yah. <u>peh</u>-ro ehs behr-<u>dahd</u>)
Friday already? But, it's true.

Paco Sí, es viernes, pero... ¿qué pasa?
(see ehs <u>beeyehr</u>-nehs <u>peh</u>-ro...keh <u>pah</u>-sah)
Yes, it's Friday, but...what's up?

Sra. Martínez Bueno, esta tarde, Pablo y yo estamos citados con algunos amigos de la oficina. Son tres: Eduardo, Roberto y Juanita. Son muy simpáticos.
(<u>bweh</u>-no ehs-tah <u>tahr</u>-deh <u>pah</u>-blo ee yo ehs-<u>tah</u>-mos thee-<u>tah</u>-dos kon ahl-<u>goo</u>-nos ah-<u>mee</u>-gos deh lah o-fee-<u>thee</u>-nah. son trehs eh-doo-<u>ahr</u>-do ro-<u>behr</u>-to ee khwah-<u>nee</u>-tah. son mwee seem-<u>pah</u>-tee-kos)
Well, this evening, Pablo and I are meeting some friends from the office. There are three of them, Eduardo, Roberto and Juanita. They are very nice.

Paco ¡Estupendo! ¿Adónde van ustedes?
(ehs-too-<u>pehn</u>-do. ah <u>don</u>-deh bahn oos-<u>teh</u>-dehs)
Great! Where are you going?

Sra. Martínez Primero vamos al teatro. ¿Quiere venir?
(pree-<u>meh</u>-ro <u>bah</u>-mos ahl teh-<u>ah</u>-tro. <u>keeyeh</u>-reh beh-<u>neer</u>)
First we're going to the theater. Do you want to come?

Paco No, gracias. Yo no quiero ir. Estoy cansado.
(no <u>grah</u>-theeyahs. yo no <u>keeyeh</u>-ro eer. ehs-<u>toyee</u> kahn-<u>sah</u>-do)
No, thanks. I don't want to go. I'm tired.

Sra. Martínez Hay una obra muy buena en el teatro Liceo. Después vamos a cenar en un restaurante. ...¿Qué hora es ahora?
(ayee <u>oo</u>-nah <u>o</u>-brah mwee <u>bweh</u>-nah ehn ehl teh-<u>ah</u>-tro lee-<u>theh</u>-o. dehs-<u>pwehs</u> <u>bah</u>-mos ah theh-<u>nahr</u> ehn oon rehs-taw-<u>rahn</u>-teh...keh <u>o</u>-rah ehs ah-<u>o</u>-rah)
There is a very good play at the Liceo theather. Then we are going to have dinner at a restaurant. What time is it now?

Paco Son casi las ocho.
(son <u>kah</u>-see lahs <u>o</u>-cho)
It's almost eight o'clock.

Sra. Martínez	¿Cómo? ¿Son las ocho? ¡Ay, Dios mío! Los amigos de Pablo vienen a las ocho y media. ¡Adiós, hasta luego, Paco!

Sra. Martínez   ¿Cómo? ¿Son las ocho? ¡Ay, Dios mío! Los amigos de Pablo vienen a las ocho y media. ¡Adiós, hasta luego, Paco!
(<u>ko</u>-mo. son lahs <u>o</u>-cho. ayee deeyos <u>mee</u>-o. los ah-<u>mee</u>-gos deh <u>pah</u>-blo <u>beeyeh</u>-nehn ah lahs <u>o</u>-cho ee <u>meh</u>-deeyah. ah-<u>deeyos</u> <u>ahs</u>-tah <u>lweh</u>-go <u>pah</u>-ko)
What? Is it eight o'clock? My goodness! Pablo's friends are coming at eight thirty. Bye, see you later, Paco!

Paco   ¡Adiós, Laura! ¡Hasta otro día!
(ah-<u>deeyos</u> <u>law</u>-rah. <u>ahs</u>-tah <u>o</u>-tro <u>dee</u>-ah)
Goodbye, Laura! See you another day!

GRAMÁTICA / GRAMMAR

1. EL PLURAL / PLURAL

If a noun ends in a vowel (a, e, i, o, u), -s is added to form the plural: amigo, amigos; amiga, amigas.

If a noun ends in a consonant (a letter other than a, e, i, o, u), -es is added to form the plural: hotel, hoteles.

If a noun ends in -z, the -z is changed to -c- before adding -es: lápiz, lápices. Remember that when the noun is plural, its adjective and article are also plural.

Esta ciudad tiene un hotel estupendo.
Estas ciudades tienen unos hoteles estupendos.

¿Dónde está el restaurante chino?
¿Dónde están los restaurantes chinos?

2. HAY / THERE IS – THERE ARE

Note that this single word HAY conveys "there is," "there are," "is there," and "are there."

Hay un billete de avión en su bolso.
There is a plane ticket in her purse.

¿Hay un calendario en esta oficina?
Is there a calendar in this office?

Hay muchas personas en el autobús.
There are many people in the bus.

¿Qué hay en la maleta de Anita?
What is in Anita's suitcase?

3. ES/ESTÁ / IS

Be careful not to confuse the verbs **ser** and **estar**. Although in English you would use "to be" for both, their meaning in Spanish is not interchangeable.

Remember that:

Ser is used for permanent, inherent characteristics or features, to say what someone or something is.

Es una casa. **Son** unas casas.
It is a house. They are houses.

Es simpático.
He is nice.

Estar is used to say where something is, or to denote its condition, which is usually temporary.

El calendario no **está** en la maleta.
The calendar is not in the suitcase.

Pablo **está** bien.
Pablo is well.

---

4. LAS PREPOSICIONES / PREPOSITIONS

A
To (motion toward)

Voy	**a** la oficina.	**a** la ciudad.
I go/am going	*to the office*	*to the city.*
	a la escuela.	**a** Londres.
	to (the) school.	*to London.*

A + EL = AL
to the (in front of masculine nouns)

Vamos	**al** banco.	**al** hotel.
We go/are going	*to the bank.*	*to the hotel.*
	al aeropuerto.	**al** parque.
	to the airport.	*to the park.*
	al teatro.	**al** museo.
	to the theater.	*to the museum.*
	al bar.	
	to the bar.	

5. VERBO + A + PERSONA / **VERB + A + PERSON**

When the direct object of a verb is a definite person, a is placed before it.

La señora Martínez invita a Paco.
Mrs. Martínez invites Paco.

Llama a su amigo por teléfono.
She/He phones her/his friend.

When the direct object of the verb is a thing, a is not required. Look at the following examples:

Veo a mis amigos el jueves.
I see my friends on Thursday.

Veo la maleta y el bolso de Anita.
I see Anita's suitcase and purse.

Esperamos a un profesor.
We wait for a teacher.

Esperan un autobús.
They wait for a bus.

---

6. DE / **OF – FROM**

Es el escritorio de Paco.
It's Paco's desk.

Here de means "of." It indicates possession or a description.

Aquí tiene una foto de Roma.
Here is a photograph of Rome.

The following examples show de meaning "from."

Soy de Bogotá.
I am from Bogotá.

¿De dónde viene usted?
Where do you come from?

DE + EL = **DEL** (*in front of masculine nouns*) This contraction may be translated as "from" or "of" depending on the context in which it appears. Take a look at the following examples.

Es una foto **del** centro de Londres.
It's a photograph of the center of London.

¿Tienes la dirección **del** teatro?
Do you have the address of the theater?

> **del** hotel.
> *of the hotel.*

> **del** profesor italiano.
> *of the Italian teacher.*

> **del** museo.
> *of the museum.*

> **del** parque.
> *of the park.*

Vengo **del** banco.
I come from the bank.

Vuelven **del** teatro.
They return from the theater.

> **del** cine.
> *from the movie theater.*

> **del** bar.
> *from the bar.*

Keep in mind that Spanish only has two contractions, **a** + **el** = **al** and **de** + **el** = **del**. No other contraction is possible in this language.

---

7. EN / IN – ON – AT

Están **en** la escuela.
They are at school.

> **en** el teatro.
> *in the theater.*

> **en** casa.
> *at home.*

> **en** el coche.
> *in the car.*

> **en** la mesa.
> *on the table.*

8. NÚMEROS / **NUMBERS**

1 (<u>oo</u>-no/ <u>oo</u>-nah) uno/una	2 (dos) dos	3 (trehs) tres	4 (<u>kwah</u>-tro) cuatro	5 (<u>theen</u>-ko cinco
6 (seyees) seis	7 (<u>seeyeh</u>-teh) siete	8 (<u>o</u>-cho) ocho	9 (<u>nweh</u>-beh) nueve	10 (deeyeth) diez
11 (<u>on</u>-theh) once	12 (<u>do</u>-theh) doce	20 (<u>beyeen</u>-teh) veinte	25 (beyeen-tee-<u>theen</u>-ko) veinticinco	

La lección **cuatro** es muy interesante, ¿verdad?
Lesson 4 is very interesting, right?

Hay **cinco** cines en esta ciudad.
There are five movie theaters in this city.

Anita tiene **veinticinco** céntimos en su bolso.
Anita has twenty-five cents in her purse.

En este libro hay **veinte** lecciones.
There are twenty lessons in this book.

---

9. ¿QUÉ HORA ES? / **WHAT TIME IS IT?**

In Spanish, time is always expressed using the verb **ser**. It is used in the singular form (**es**) only for one o'clock and in the plural (**son**) for the rest of the hours.

¿Qué hora es?
What time is it?

Es la una.
It is one o'clock.

Son las dos.
It is two o'clock/It's two.

To indicate that it is X minutes past the hour, add **y** plus the number of minutes.

Son las dos **y** cinco.
It's five after two.

Son las dos **y** diez.
It's ten after two.

It's ten after two.

Son las dos **y** veinte.
It's twenty after two.

Son las dos **y** veinticinco.
It's twenty-five after two.

To express that it is a quarter after the hour, add **y cuarto**. To express that it is half past the hour, add **y media**.

Son las dos **y cuarto**.
It's a quarter after two (two-fifteen).

Son las dos **y media**.
It's half past two.

To express how many minutes to the hour, add **menos** followed by the number of minutes. If it's a quarter to the hour, just add **menos cuarto**.

Son las cuatro **menos** veinticinco.
It is twenty-five to four.

Son las cuatro **menos** veinte.
It's twenty to four.

Son las cuatro **menos** cuarto.
It's a quarter to four.

Son las cuatro **menos** diez.
It is ten to four.

Son las cuatro **menos** cinco.
It is five to four.

Son las tres.
It is three o'clock.

las cuatro
four o'clock

las cinco
*five o'clock*las seis y diez
ten after six

las siete y cuarto
a *quarter after seven*

las ocho y media
half past eight

las nueve menos veinte
twenty to nine

las diez menos cuarto

a quarter to ten

Son las once **y** tres minutos.
It is three minutes after eleven.

Son las doce.
It is twelve noon/midday/midnight.

To express 12:00 AM or 12:00 PM sharp, you can also say:

Es mediodía/medianoche.
It is noon/midnight.

---

10. VERBOS: PODER, PONER, EMPEZAR, QUERER, PREFERIR / VERBS: CAN, TO PUT, TO START, TO WANT, TO PREFER

Here are some more very important verbs. All of these have changes in the stem. You have already seen some of these changes. Think of the verbs **tener** and **volver**. Can you identify at least one verb below that has changes similar to those of **tener** or **volver**?

	PODER (po-<u>dehr</u>)	PONER (po-<u>nehr</u>)	EMPEZAR (ehm-peh-<u>thahr</u>)	QUERER (keh-<u>rehr</u>)	PREFERIR (preh-feh-<u>reer</u>)
	can	to put	to start	to want	to prefer
I	Puedo	Pongo	Empiezo	Quiero	Prefiero
You/He/She/It	Puede	Pone	Empieza	Quiere	Prefiere
We	Podemos	Ponemos	Empezamos	Queremos	Preferimos
They	Pueden	Ponen	Empiezan	Quieren	Prefieren

VOCABULARIO / VOCABULARY

Señora, as in Sra. Martínez (Señora Martínez): Mrs.
Señor, as in Sr. Martínez (Señor Martínez): Mr.
Señorita, as in Srta. Vázquez (Señorita Vázquez): Ms.
hablar por teléfono: to talk on the telephone
llamar por teléfono: to phone someone
¿Adónde?: Where to?
¿Dígame?¿Sí?:' "Hello?", said by person answering the phone
¿Cómo está?: How are you?
¿Por qué?: Why?
el restaurante: restaurant
el bar: bar
el cine: movie theater, cinema
el teatro: theater
la obra de teatro: play
el parque: park
el centro: center
la casa: house
estar en casa (de): to be at home (with de - to be at x's house)
estar citado♂/citada♀: to have an appointment
el amigo: friend (male)
la amiga: friend (female)
¿Qué día es?: What day is it?
¿Qué hora es?: What time is it?
la mañana: morning
la noche: night
¡Buenos días!: Good morning!/Good day!
¡Buenas tardes!: Good afternoon!/Good day!
¡Buenas noches!: Good night!
lunes: Monday
martes: Tuesday
miércoles: Wednesday
jueves: Thursday
viernes: Friday
sábado: Saturday
domingo: Sunday
la agenda: appointment book
el calendario: calendar
el número de teléfono: telephone number
ya: now, already
entonces: so, then
muy: very
después: after
casi: almost

la oficina: office
simpático♂/simpática♀: friendly, nice
estupendo♂/estupenda♀: great, super
cansado♂/cansada♀: tired
querer: to wish, to want
cenar: to have supper
invitar: to invite
ver: to see
contar: to count
el escritorio: desk
el plural: plural
la preposición: preposition
uno♂/una♀: one
dos: two
tres: three
cuatro: four
cinco: five
seis: six
siete: seven
ocho: eight
nueve: nine
diez: ten
once: eleven
doce: twelve
veinte: twenty
veinticinco: twenty-five
Es la una.: It is one o'clock.
Son las ocho.: It is eight o'clock.
Son las ocho y media.: It is half past eight.
Son las ocho y cuarto.: It is a quarter after eight.
Son las ocho menos cuarto.: It is a quarter to eight.

EJERCICIOS / **EXERCISES**

Exercise A

Indicate the time in Spanish for each entry below.

1. It's one o'clock. _____

2. It's ten after two. _____

3. It's half past eight. _____

4. It's a quarter after five. _____

5. It's a quarter to ten. _____

6. It's twenty after seven. _____

7. It's twenty-five to eleven. _____

8. It's noon. _____

9. It's half past twelve. _____

Answer the questions below using the information from this lesson's dialogue.

1. ¿Dónde está la señora Martínez? _____

_____

2. ¿A quién llama por teléfono? _____

_____

3. ¿Qué día es? _____

_____

4. ¿Cómo sabe Paco qué día es? _____

_____

5. ¿Cómo son los amigos de la oficina? _____

_____

6. ¿Adónde van primero los Martínez y los amigos? _____

_____

7. ¿Y, después? _____

_____

8. ¿Paco quiere ir también? _____

_____

9. ¿Qué hora es? _____

_____

10. ¿A qué hora vienen los amigos de los Martínez? _____

_____

Visit www.berlitzpublishing.com for a bonus internet activity—go to the downloads section and connect to the world in Spanish!

5

EL JEFE Y EL EMPLEADO
THE BOSS AND THE EMPLOYEE

Juan is trying to make a good impression at work and arrives right on time. Unfortunately, his boss seems to be in a pretty bad mood. Listen to the dialogue to find out what is going on at the office today.

El jefe	**¡Hola Juan! Es usted puntual. Está bien porque tenemos mucho trabajo hoy.** (<u>o</u>-lah khwahn. ehs oos-<u>tehd</u> poon-too-<u>ahl</u>. ehs-<u>tah</u> beeyehn <u>por</u>-keh teh-<u>neh</u>-mos <u>moo</u>-cho trah-<u>bah</u>-kho oyee) *Hello, Juan. You're on time. That's good because we have a lot of work today.*
El empleado	**Sí señor. Ya lo sé. Hay algunas cartas para mandar.** (see seh-<u>nyor</u>. yah lo seh. ayee ahl-<u>goo</u>-nahs <u>kahr</u>-tahs <u>pah</u>-rah mahn-<u>dahr</u>) *Yes, sir. I know. There are some letters we have to send.*

El jefe   ¿Cuántas cartas hay?
(<u>kwahn</u>-tahs <u>kahr</u>-tahs ayee)
How many letters are there?

El empleado   Hay ciento veinticinco cartas, señor.
(ayee <u>theeyehn</u>-to beyeen-tee-<u>theen</u>-ko <u>kahr</u>-tahs
seh-<u>nyor</u>)
There are one hundred and twenty-five letters, sir.

El jefe   ¿Ciento veinticinco? ¡Qué horror!
(<u>theeyehn</u>-to beyeen-tee-<u>theen</u>-ko. keh o-<u>rror</u>)
One hundred and twenty-five? How awful!

El empleado   Pero con mi ordenador* no tardo tanto. Y podemos
mandar las cartas por correo electrónico.
(<u>peh</u>-ro kon mee or-deh-nah-<u>dor</u> no <u>tahr</u>-do <u>tahn</u>-to. ee
po-<u>deh</u>-mos mahn-<u>dahr</u> lahs <u>kahr</u>-tahs por ko-<u>rreh</u>-o
eh-lehk-<u>tro</u>-nee-ko)
*But with my computer it doesn't take me that long. And
we can send the letters by e-mail.*

El jefe   Bueno. Siéntese. Puede empezar a escribir las
cartas. ¿Tiene la lista de clientes? También puede
contestar el teléfono hoy.
(<u>bweh</u>-no. <u>seeyehn</u>-teh-seh. <u>pweh</u>-deh ehm-peh-<u>thahr</u>
ah ehs-kree-<u>beer</u> lahs <u>kahr</u>-tahs. <u>teeyeh</u>-neh lah
<u>lees</u>-tah deh klee-<u>ehn</u>-tehs. tahm-<u>beeyehn</u> <u>pweh</u>-deh
kon-tehs-<u>tahr</u> ehl teh-<u>leh</u>-fo-no oyee)
*Well, sit down. You can start to write the letters. Do you
have the list of clients? You can also answer the phone
today.*

El empleado   Sí, señor. Tengo la lista y las direcciones de correo
electrónico.
(see seh-<u>nyor</u>. <u>tehn</u>-go lah <u>lees</u>-tah ee lahs dee-rehk-
<u>theeyo</u>-nehs deh ko-<u>rreh</u>-o eh-lehk-<u>tro</u>-nee-ko)
Yes, sir. I have the list and the e-mail addresses.

El jefe   Muy bien, Juan. Y llame a mi secretaria por favor.
No sé dónde está.
(mwee beeyehn khwahn. ee <u>yah</u>-meh ah mee
seh-kreh-<u>tah</u>-reeyah por fah-<u>bohr</u>. no seh <u>don</u>-deh
ehs-<u>tah</u>)
*Very well, Juan. And call my secretary, please. I don't
know where she is.*

El empleado   Sí señor. ¿Ahora mismo?
(see seh-<u>nyor</u>. ah-<u>o</u>-rah <u>mees</u>-mo)
Yes sir. Right now?

* la computadora [L. Am.] = computer

GRAMÁTICA / **GRAMMAR**

1. SABER Y CONOCER / **TO KNOW**

Saber and conocer are both translated in English as "to know." However, just as it was the case with ser and estar, they cannot be used interchangeably. Their main forms are:

SABER

Yo **sé**	Usted/Él/Ella **sabe**	Nosotros **sabemos**	Ellos **saben**
I know	*You/He/She/It knows*	*We know*	*They know*

CONOCER

Yo **conozco**	Usted/Él/Ella **conoce**	Nosotros **conocemos**	Ellos **conocen**
I know	*You/He/She/It knows*	*We know*	*They know*

Saber is mostly used to indicate the things you know, as in "information in your head."

No **sé** el número de teléfono.
I don't know the telephone number.

¿**Saben** ustedes cuándo Anita va de viaje?
Do you know when Anita goes on her trip?

¿**Sabemos** dónde está la secretaria?
Do we know where the secretary is?

Saber is often used with another verb in the infinitive to indicate that one knows how to do something.

¿**Sabe** usted contar en español?
Do you know how to count in Spanish?

Sí, **sé**.
Yes, I know how.

Conocer is used mainly to indicate that you are familiar with a person or a place.

Conocen Buenos Aires.
They know Buenos Aires.

¿**Conoce a** mi jefe?
Do you know my boss?

---

2. PODER / CAN

For more on poder, see Lesson 4.

Like saber, poder (*can, to be able to*) is also used before the infinitive of another verb.

Paco **puede** ir al teatro pero no quiere ir.
Paco can go to the theater, but he does not want to go.

Podemos tomar el metro.
We can take the subway.

Although the above translations use *can* to reflect the same meaning in English, keep in mind that to express *can* in Spanish, as in *knowing how to*, you must use saber.

¿No **sabes** escribir a máquina?
Can't you type?

Sabe contar de cero a cien.
He can count from zero to one hundred.

---

3. VERBOS / VERBS

In Lesson 4 you learned the forms for the verb empezar (*to begin*). This verb has a stem change that you will also find in many other verbs. It changes the stem vowel from -e- to -ie- when the stress falls on it (i.e. not in the infinitive and not in the "we" form of the present). Note that comenzar and empezar are synonyms, just as *to start* and *to begin*.

COMENZAR (*to start*) behaves in the same way:			
Yo **comienzo**	Usted/Él/Ella **comienza**	Nosotros **comenzamos**	Ellos **comienzan**
I begin	*You/He/She/It begins*	*We begin*	*They begin*

The opposite of comenzar and empezar is terminar, to end. It is a regular -ar verb.

¿A qué hora **empiezan** y **terminan** las clases?
At what time do classes begin and end?

Two other verbs that will prove useful are abrir (*to open*) and cerrar (*to close*). Cerrar follows the same pattern as empezar and comenzar.

ABRIR			
Yo **abro**	Usted/Él/Ella **abre**	Nosotros **abrimos**	Ellos **abren**
I open	*You/He/She/ It opens*	*We open*	*They open*

CERRAR			
Yo **cierro**	Usted/Él/Ella **cierra**	Nosotros **cerramos**	Ellos **cierran**
I close	*You/He/She/It closes*	*We close*	*They close*

¿Cuándo **abre** el banco?
When does the bank open?

¿A qué hora **cierran** la puerta?
At what time do they shut the door?

---

4. MÁS NÚMEROS / **MORE NUMBERS**

Notice how certain numbers correspond. Identifying this pattern will help you learn them more easily.

uno (1)	once (11)
dos (2)	doce (12)
tres (3)	trece (13)
cuatro (4)	catorce (14), etc

Notice also how 16-19, and 21-29 are formed. You can write them out as one word or three, whichever you prefer:

dieciséis	(diez y seis)
diecisiete	(diez y siete)
veintidós	(veinte y dos)
veintiséis	(veinte y seis)

However, after veintinueve (29) the numbers must always be written as separate words.

30	31	32
treinta	treinta y uno	treinta y dos
(treyeen-tah)	(treyeen-tah ee oo-no)	(treyeen-tah ee dos)

40	50	60
cuarenta	cincuenta	sesenta
(kwah-rehn-tah)	(theen-kwehn-tah)	(seh-sehn-tah)

70	80	90
setenta	ochenta	noventa
(seh-tehn-tah)	(o-chehn-tah)	(no-behn-tah)

100	125
cien	ciento veinticinco
(theeyehn)	(theeyehn-to beyeen-tee-theen-ko)

Note: Remember that 100 is only cien (not un cien). After one hundred, all other hundreds are formed with ciento followed by the rest of the numbers (without *and*). So if you want to say 101, you would say ciento uno, 102, ciento dos, etc.

---

5. ¿CUÁNTO♂/CUÁNTA♀? - ¿CUÁNTOS♂/CUÁNTAS♀? /
HOW MANY? - HOW MUCH?

Although the Spanish expressions for *how much?* and *how many?* are quite easy, you need to be careful not to confuse cuánto♂/cuánta♀ with cuántos♂/cuántas♀. The second pair is *NOT* the plural of the first pair. Cuánto♂ or Cuánta♀ refer to how much of something there is. Cuántos♂ or cuántas♀, with the final s, is used to ask how many. The only thing that changes in both cases is the gender of the word, which must match the gender of whatever it is that you are talking about. Take a look at the following examples.

¿**Cuántos** dólares tiene usted y **cuántas** libras esterlinas?
How many dollars and how many pounds sterling do you have?

No sé **cuántos** empleados trabajan aquí.
I don't know how many employees work here.

¿**Cuánta** leche toma usted?
How much milk do you take?

¿**Cuánto** tiempo tengo que trabajar?
How much time do I have to work?

6. LAS PREGUNTAS / **QUESTIONS**

In Spanish, all question words have an accent on the stressed syllable. They may also be used without an accent in other parts of speech, but for the time being, try to remember the most commonly used question words included below.

¿**Dónde** vive él? No sé **dónde** vive.
Where does he live? I don't know where he lives.

¿**Cuánto** es? Quiero saber **cuánto** es.
How much is it? I want to know how much it is.

¿**Cómo** está? Ella pregunta **cómo** está.
How are you? She asks how you are.

¿**Quién** viene y **cuándo**? Es necesario saber **quién** viene y **cuándo**.
Who is coming and when? It is necessary to know who is coming and when.

¿**Por qué** quiere otro ordenador?
Why do you want another computer?

To answer *why?*, Spanish uses **porque** (*because*), all together and without the accent mark.

Voy a cenar **porque** son las nueve.
I'm going to have dinner because it's nine o'clock.

---

7. ADJETIVOS IRREGULARES / **IRREGULAR ADJECTIVES**

Some adjectives normally precede their noun and lose their final -o when the noun is in the masculine singular. This is called **apocopation**. It only happens with a few adjectives, but you should try to keep this in mind.

bueno	Es un **buen** amigo. *He's a good friend.*
but:	
	Es una **buena** amiga. *She's a good friend.*
malo	Es un **mal** hombre. *He's a bad man.*
but:	
	Es una **mala** mujer. *She's a bad woman.*

alguno	¿Tiene **algún** dinero? *Do you have any money?*
but:	
	¿Tiene **alguna** idea? *Do you have any idea?*
ninguno (none, not any)	No tengo **ningún** periódico. *I don't have any newspapers.*
but:	
	No tengo **ninguna** tarjeta. *I don't have any cards.*

Some adjectives change meaning when placed in front of or after the verb.

Es un hombre **grande.** *He's a big man.*	Es una casa **grande.** *It's a big house.*
but:	
Es un **gran** hombre. *He's a great man.*	Vivo en una **gran** ciudad. *I live in a great city.*

Grande shortens to **gran** before any singular noun, both masculine and feminine. It follows the noun when referring only to size, but precedes it when expressing qualities of greatness.

---

8. POSESIVOS / **POSSESSIVES**

Mi (*my*) and **su** (*his, her, its, your, their*) are adjectives and therefore, change number to agree with their noun:

| **mi** maleta | *my suitcase* |
| **mis** maletas | *my suitcases* |

If **su** is ambiguous, add **de él, de ella, de usted(es)** after the noun to clarify.

su casa	(la casa de él)	*his house*
su casa	(la casa de ella)	*her house*
su casa	(la casa de ellos)	*their house*

9. ESTAR + GERUNDIO / **TO BE + GERUND**

Estar is used with the gerund (-*ing* form of the verb) to form the present progressive. It is important to note that in Spanish, this tense may not be used to indicate future events as you do in English. To express future events in that way, Spanish would require the use of *going to* + verb. Look at the following examples:

This weekend we are going to *Madrid.*	Este fin de semana **vamos a ir** a Madrid.
I am studying.	**Estoy estudiando.**

To form the gerund of the verb, just take out the **-ar** from the infinitive form and add **-ando**. For verbs ending in **-er** or **-r,** take out the ending and add **-iendo.**

tomar	tom**ando**
comer	com**iendo**
viajar	viaj**ando**
hacer	hac**iendo**

Estoy cenando.
I am having dinner.

Están estudiando francés.
They are studying French.

Están bebiendo agua.
They are drinking water.

Está escribiendo su carta.
He is writing his letter.

Note the difference between the previous examples and the sentences that follow, where the action is not specifically happening at the time of speaking, but is stated as being a general procedure.

Cenan a las nueve.
They have dinner at nine.

Estudia francés.
He studies French.

Beben agua.
They drink water.

Escribe una carta todos los días.
He writes a letter every day.

---

10. VERBOS REFLEXIVOS / **REFLEXIVE VERBS**

Reflexive verbs, as the name indicates, are verbs that reflect the action on the person who is speaking. These may be **-ar, -er,** or **-ir,** regular or irregular verbs. However, they all have one thing in common: they include one reflexive pronoun. The main reflexive pronouns are:

me (*myself*)	se (*himself, herself, itself, yourself, themselves*)	nos (*ourselves*)

When they appear in the infinitive form, all reflexive verbs end with se.

llamarse (to call oneself)	**sentarse** (to sit down)
(yo) **me** llamo	**me** siento
se llama	**se** sienta
nos llamamos	**nos** sentamos
se llaman	**se** sientan

Se llama Federico.
He calls himself Frederico. (He's called Frederico.)

Me siento en el sofá.
I sit (myself) on the sofa.

No **me llamo** María.
I don't call myself María. (I'm not called María.)

The reflexive pronouns are placed before the verb except when the infinitive (**-ar, -er, -ir**) gerund or command forms are used. When they appear with the progressive tense or with an infinitive, they may be placed before the first verb, or attached at the end of the gerund or infinitive. They should NEVER be placed between both verbs.

Voy a sentar**me** aquí.
I am going to sit myself here.

Me voy a sentar aquí.
I am going to sit myself here.

Está lavándo**se**.
He is washing (himself).

Se está lavando.
He is washing (himself).

levantarse	*to get up*
lavarse	*to wash*
ducharse	*to take a shower*
bañarse	*to take a bath*

11. LOS MANDATOS / COMMANDS

In Spanish, commands are not only used to "give orders" but are also frequently used in everyday speech, just as in English. To form commands for the third person singular or plural, follow the directions below.

If the infinitive of the verb ends in -ar, remove it and add -e for the third person singular or -en to form the third person plural. Take a look at these examples.

¡Cierre el bar ahora! (cerrar)
Shut the bar now!

¡Llame al jefe! (llamar)
Call the boss!

¡No estudien la gramática, sino los verbos!
Don't study the grammar, but the verbs!

¡Tome el taxi! (tomar)
Take the cab!

If the infinitive of the verb ends in -er or -ir, remove the ending and add -a for the third person singular, or -an for the third person plural. Study these examples.

¡Por favor, abra la puerta! (abrir)
Please open the door!

¡Vuelvan a las cinco! (volver)
Come back at five o'clock!

Verbs which have a stem change in the singular of the present tense also have one in the command form. Reflexive verbs have the reflexive pronoun joined to the end of the verb in affirmative commands, as in the example below.

¡Siéntese allí!
Sit down there!

VOCABULARIO / VOCABULARY

el jefe♂/la jefa♀: boss
el empleado♂/la empleada♀: employee
el secretario♂/la secretaria♀: secretary
el coche: car
el carro: car [L.Am.]
el boleto: ticket [L.Am.]
ser puntual: to be on time
está bien: that's good
Ya lo sé.: I already know.
¡Qué horror!: How awful!
saber: to know (fact)
conocer: to know (be acquainted with)
empezar: to start
comenzar: to begin
terminar: to end, finish
correo electrónico: e-mail
dirección de correo electrónico: e-mail address
cerrar: to shut
abrir: to open
mandar: to send
llamar: to call
llamarse: to be called
lavar: to wash
lavarse: to wash (oneself)
tardar en + *infinitive:* to take a long time (doing something)
contestar: to reply
tomar: to take
escribir a máquina: to type
levantarse: to get up
bañarse: to take a bath
ducharse: to take a shower
irse: to go away
el sofá: sofa
la carta: letter

la puerta: door
el dólar: dollar
la libra esterlina: pound sterling
el dinero: money
el ordenador: computer
la computadora: computer [L.Am.]
la lista: list
la idea: idea
el periódico: newspaper
el agua: water
¿cuándo?: when?
¿cuánto?♂/¿cuánta?♀: how much?
¿cuántos?♂/¿cuántas?♀: how many?
¿por qué?: why?
porque: because
mismo♂/misma♀: same (when preceding the noun)
mismo♂/misma♀: very, itself (when following the noun)
ahora mismo: right now
cero: zero
trece: thirteen
catorce: fourteen
quince: fifteen
dieciséis: sixteen
diecisiete: seventeen
dieciocho: eighteen
diecinueve: nineteen
veintiuno: twenty-one
veintidós: twenty-two
veintitrés: twenty-three
veinticuatro: twenty-four
veinticinco: twenty-five
veintiséis: twenty-six
veintisiete: twenty-seven
veintiocho: twenty-eight
veintinueve: twenty-nine
treinta: thirty
treinta y uno: thirty-one
cuarenta: forty
cincuenta: fifty
sesenta: sixty
setenta: seventy
ochenta: eighty
noventa: ninety
cien/ciento: one hundred
ciento veinticinco: one hundred and twenty-five
bueno♂/buena♀: good

malo♂/mala♀: bad
el infinitivo: infinitive
el adjetivo: adjective

EJERCICIOS / EXERCISES

Can you spell out these numbers in Spanish?

Exercise A

1. 23 veintitrés
2. 31 _____
3. 36 _____
4. 42 _____
5. 55 _____
6. 63 _____

7. 74 _____
8. 88 _____
9. 99 _____
10. 100 _____
11. 126 _____

How about the days of the week?

Exercise B

Monday lunes _____

Tuesday _____

Wednesday _____

Thursday _____

Friday _____

Saturday _____

Sunday _____

Answer the questions below using the information from this lesson's dialogue.

Exercise C

1. ¿Quién es puntual? _____
2. ¿Tienen mucho trabajo hoy? _____
3. ¿Cuántas cartas tienen que mandar? _____
4. ¿Va a tardar mucho el empleado? ¿Por qué?

   _____
5. ¿Quién va a sentarse? _____

6. ¿Qué listas tiene? _____

7. ¿A quién va a llamar el empleado? _____

8. ¿El jefe sabe dónde está su secretaria? _____

Visit www.berlitzpublishing.com for a bonus internet activity—go to the downloads section and connect to the world in Spanish!

REVIEW: LESSONS 1-5

Now that you have more practice speaking Spanish, listen again to the dialogues from lessons one through five, and repeat.

Dialogue 1

Mr. Martinez is browsing at a kiosk looking for some maps for his upcoming trip. Listen to the dialogue to see what he finds.

Sr. Martínez	**¡Hola, buenos días!** (<u>o</u>-lah <u>bweh</u>-nos <u>dee</u>-ahs)
Vendedor	**Buenos días, señor. ¿Qué tal?** (<u>bweh</u>-nos <u>dee</u>-ahs seh-<u>nyor</u>. keh tahl)
Sr. Martínez	**Muy bien gracias.** (mwee beeyehn <u>grah</u>-theeyahs) **Un momento, por favor. Una pregunta…** (oon mo-<u>mehn</u>-to por fah-<u>bor</u>. <u>oo</u>-nah preh-<u>goon</u>-tah)
Vendedor	**¿Sí señor?** (see seh-<u>nyor</u>)

Sr. Martínez	¿Esto es un plano? (<u>ehs</u>-to ehs oon <u>plah</u>-no)
Vendedor	Sí, señor. Es un plano. (see seh-<u>nyor</u>. ehs oon <u>plah</u>-no)
Sr. Martínez	Y esto. ¿Es un plano o un mapa? (ee <u>ehs</u>-to. ehs oon <u>plah</u>-no o oon <u>mah</u>-pah)
Vendedor	Esto es un mapa. (<u>ehs</u>-to ehs oon <u>mah</u>-pah)
Sr. Martínez	¡Bien! ¿Y esto? ¿Es un mapa también? (beeyehn. ee <u>ehs</u>-to. ehs oon <u>mah</u>-pah tahm-<u>beeyehn</u>)
Vendedor	No, señor. No es un mapa. Es un libro. (no seh-<u>nyor</u>. no ehs oon <u>mah</u>-pah. ehs oon <u>lee</u>-bro)
Sr. Martínez	Muy bien, gracias por todo. ¡Hasta luego! (mwee beeyehn. <u>grah</u>-theeyahs por <u>to</u>-do. <u>ahs</u>-tah <u>lweh</u>-go)
Vendedor	Adiós, señor, hasta luego. (ah-<u>deeyos</u> seh-<u>nyor</u>. <u>ahs</u>-tah <u>lweh</u>-go)

Dialogue 2

Mr. Martinez and Ms. Vazquez are meeting for the first time. Listen to the dialogue to find out what they are talking about.

Sr. Martínez	¡Hola, buenos días! Soy Pablo Martínez. Y usted, ¿quién es? (<u>o</u>-lah <u>bweh</u>-nos <u>dee</u>-ahs. soyee <u>pah</u>-blo mahr-<u>tee</u>-neth. ee oos-<u>tehd</u> keeyehn ehs)
Srta. Vázquez	Yo soy Anita Vázquez. Y usted ¿es mexicano? (yo soyee ah-<u>nee</u>-tah <u>bath</u>-keth. ee oos-<u>tehd</u> ehs meh-khee-<u>kah</u>-no)
Sr. Martínez	No. No soy mexicano. No soy venezolano y no soy argentino tampoco. (no. no soyee meh-khee-<u>kah</u>-no. no soyee beh-neh-tho-<u>lah</u>-no ee no soyee ahr-khehn-<u>tee</u>-no tahm-<u>po</u>-ko)
Srta. Vázquez	¿De qué nacionalidad es usted? (deh keh nah-theeyo-nah-lee-<u>dahd</u> ehs oos-<u>tehd</u>)
Sr. Martínez	Yo soy español. Soy de Madrid. Y usted ¿de dónde es? (yo soyee ehs-pah-<u>nyol</u>. soyee deh mah-<u>dreed</u>. ee oos-<u>tehd</u> deh <u>don</u>-deh ehs)

Srta. Vázquez	Yo soy de Barcelona. Ahora trabajo aquí en la Ciudad de México, en un banco. Es un banco muy grande. Y usted, ¿dónde trabaja? (yo soyee deh barh-theh-<u>lo</u>-nah. ah-<u>o</u>-rah trah-<u>bah</u>-kho ah-<u>kee</u> ehn lah theew-<u>dahd</u> deh <u>meh</u>-khee-ko ehn oon <u>bahn</u>-ko. ehs oon <u>bahn</u>-ko mwee <u>grahn</u>-deh. ee oos-<u>tehd</u> <u>don</u>-deh trah-<u>bah</u>-khah)
Sr. Martínez	¿Yo? Yo trabajo en una escuela. Soy profesor. (yo. yo trah-<u>bah</u>-kho ehn <u>oo</u>-nah ehs-<u>kweh</u>-lah. soyee pro-feh-<u>sor</u>)

A young man walks by and waves at Mr. Martinez...

Srta. Vázquez	¿Quién es este chico? (keeyehn ehs <u>ehs</u>-teh <u>chee</u>-ko)
Sr. Martínez	Es David. Estudia español. ¡David, un momento, por favor! (ehs dah-<u>beed</u>. ehs-<u>too</u>-deeyah ehs-pah-<u>nyol</u>. dah-<u>beed</u> oon mo-<u>mehn</u>-to por fah-<u>bor</u>)
David	¡Hola, buenos días señorita! (<u>o</u>-lah <u>bweh</u>-nos <u>dee</u>-ahs seh-nyo-<u>ree</u>-tah)
Sr. Martínez	Señorita Vázquez, David; David, la señorita Vázquez. (seh-nyo-<u>ree</u>-tah <u>bath</u>-keth dah-<u>beed</u>. dah-<u>beed</u> lah seh-nyo-<u>ree</u>-tah <u>bath</u>-keth)
David	Encantado. (ehn-kahn-<u>tah</u>-do)
Srta. Vázquez	Mucho gusto. (<u>moo</u>-cho <u>goos</u>-to)

Dialogue 3

Anita is putting away some things before she goes away on a trip. David stops by to chat for a bit.

David	Anita, ¿tiene un billete para el avión? (ah-<u>nee</u>-tah <u>teeyeh</u>-neh oon bee-<u>yeh</u>-teh <u>pah</u>-rah ehl ah-<u>beeyon</u>)
Anita	Sí, David. Tengo un billete de Iberia. Está en mi bolso. (see dah-<u>beed</u>. <u>tehn</u>-go oon bee-<u>yeh</u>-teh deh ee-<u>beh</u>-reeyah. ehs-<u>tah</u> ehn mee <u>bol</u>-so)
David	También tiene una maleta, ¿verdad? (tahm-<u>beeyehn</u> <u>teeyeh</u>-neh <u>oo</u>-nah mah-<u>leh</u>-tah behr-<u>dahd</u>)

Anita	Sí. ¡Claro! Viajo con una maleta grande. En la maleta tengo una falda, un suéter, dos o tres blusas, un pantalón, zapatillas de deporte... (see. <u>klah</u>-ro. <u>beeyah</u>-kho kon <u>oo</u>-nah mah-<u>leh</u>-tah <u>grahn</u>-deh. ehn lah mah-<u>leh</u>-tah <u>tehn</u>-go <u>oo</u>-nah <u>fahl</u>-dah oon <u>sweh</u>-tehr dos o trehs <u>bloo</u>-sahs oon pahn-tah-<u>lon</u> thah-pah-<u>tee</u>-yahs deh deh-<u>por</u>-teh...)
David	¿Tiene pasaporte o carnet de identidad? (<u>teeyeh</u>-neh pah-sah-<u>por</u>-teh o kahr-<u>neht</u> deh ee-dehn-tee-<u>dahd</u>)
Anita	Sí, tengo un pasaporte. (see <u>tehn</u>-go oon pah-sah-<u>por</u>-teh)
David	Bueno pues ¿a dónde va? ¿A Nueva York? (<u>bweh</u>-no pwehs ah <u>don</u>-deh bah. ah <u>nweh</u>-bah york)
Anita	No, no voy a Nueva York sino a Sevilla, en España. (no no boyee ah <u>nweh</u>-bah york <u>see</u>-no ah seh-<u>bee</u>-yah ehn ehs-<u>pah</u>-nyah)
David	¿Para ir al aeropuerto toma un taxi o el metro, o va en autobús? (<u>pah</u>-rah eer ahl ah-eh-ro-<u>pwehr</u>-to <u>to</u>-mah oon <u>tahk</u>-see o ehl <u>meh</u>-tro o bah ehn aw-to-<u>boos</u>)
Anita	Voy en taxi. (boyee ehn <u>tahk</u>-see)
David	¿Cuándo sale? ¿Hoy? (<u>kwahn</u>-do <u>sah</u>-leh. oyee)
Anita	No. Salgo mañana. (no. <u>sahl</u>-go mah-<u>nyah</u>-nah)
David	¿A qué hora? (ah keh <u>o</u>-rah)
Anita	A las tres. Es usted muy curioso, David. (ah lahs trehs. ehs oos-<u>tehd</u> mwee koo-<u>reeyo</u>-so dah-<u>beed</u>)
David	Pero vuelve pronto ¿verdad? (<u>peh</u>-ro <u>bwehl</u>-beh <u>pron</u>-to behr-<u>dahd</u>)
Anita	Sí, vuelvo en ocho días. Tengo mucho trabajo aquí. (see <u>bwehl</u>-bo ehn <u>o</u>-cho <u>dee</u>-ahs. <u>tehn</u>-go <u>moo</u>-cho trah-<u>bah</u>-kho ah-<u>kee</u>)
David	¡Buen viaje, Anita! ¡Hasta luego! (bwehn <u>beeyah</u>-kheh ah-<u>nee</u>-tah. <u>ahs</u>-tah <u>lweh</u>-go)
Anita	¡Hasta luego! ¡A estudiar! (<u>ahs</u>-tah <u>lweh</u>-go. ah ehs-too-<u>deeyahr</u>)

Dialogue 4

Mr. Martinez's wife calls her neighbor Paco to chat with him for a while. Listen to their conversation and find out what Mrs. Martinez's plans are.

Sra. Martínez	¿Paco? ¿Qué tal? ¿Cómo está? (<u>pah</u>-ko. keh tahl. <u>ko</u>-mo ehs-<u>tah</u>)
Paco	Estoy bien gracias, en casa... (ehs-<u>toyee</u> beeyehn <u>grah</u>-theeyahs ehn <u>kah</u>-sah...)
Sra. Martínez	¿Qué día es hoy? Es jueves, ¿verdad? (keh <u>dee</u>-ah ehs oyee ehs <u>khweh</u>-behs behr-<u>dahd</u>)
Paco	¿Jueves? ¡Qué va! No es jueves. Tengo mi agenda aquí. Hoy es viernes. ¿Por qué? (<u>khweh</u>-behs. keh bah. no ehs <u>khweh</u>-behs. <u>tehn</u>-go mee ah-<u>khehn</u>-dah ah-<u>kee</u>. oyee ehs <u>beeyehr</u>-nehs. por keh)
Sra. Martínez	¿Viernes, ya? Pero es verdad. (<u>beeyehr</u>-nehs yah. <u>peh</u>-ro ehs behr-<u>dahd</u>)
Paco	Sí, es viernes, pero...¿qué pasa? (see ehs <u>beeyehr</u>-nehs <u>peh</u>-ro...keh <u>pah</u>-sah)
Sra. Martínez	Bueno, esta tarde, Pablo y yo estamos citados con algunos amigos de la oficina. Son tres: Eduardo, Roberto y Juanita. Son muy simpáticos. (<u>bweh</u>-no ehs-tah <u>tahr</u>-deh <u>pah</u>-blo ee yo ehs-<u>tah</u>-mos thee-<u>tah</u>-dos kon ahl-<u>goo</u>-nos ah-<u>mee</u>-gos deh lah o-fee-<u>thee</u>-nah. son trehs eh-doo-<u>ahr</u>-do ro-<u>behr</u>-to ee khwah-<u>nee</u>-tah. son mwee seem-<u>pah</u>-tee-kos)
Paco	¡Estupendo! ¿Adónde van ustedes? (ehs-too-<u>pehn</u>-do. ah <u>don</u>-deh bahn oos-<u>teh</u>-dehs)
Sra. Martínez	Primero vamos al teatro. ¿Quiere venir? (pree-<u>meh</u>-ro <u>bah</u>-mos ahl teh-<u>ah</u>-tro. <u>keeyeh</u>-reh beh-<u>neer</u>)
Paco	No, gracias. Yo no quiero ir. Estoy cansado. (no <u>grah</u>-theeyahs. yo no <u>keeyeh</u>-ro eer. ehs-<u>toyee</u> kahn-<u>sah</u>-do)
Sra. Martínez	Hay una obra muy buena en el teatro Liceo. Después vamos a cenar en un restaurante... ¿Qué hora es ahora? (ayee <u>oo</u>-nah <u>o</u>-brah mwee <u>bweh</u>-nah ehn ehl teh-<u>ah</u>-tro lee-<u>theh</u>-o. dehs-<u>pwehs</u> <u>bah</u>-mos ah theh-<u>nahr</u> ehn oon rehs-taw-<u>rahn</u>-teh...keh <u>o</u>-rah ehs ah-<u>o</u>-rah)
Paco	Son casi las ocho. (son <u>kah</u>-see lahs <u>o</u>-cho)

Sra. Martínez ¿Cómo? ¿Son las ocho? ¡Ay, Dios mío! Los
amigos de Pablo vienen a las ocho y media.
¡Adiós, hasta luego, Paco!
(<u>ko</u>-mo. son lahs <u>o</u>-cho. ayee deeyos <u>mee</u>-o. los
ah-<u>mee</u>-gos deh <u>pah</u>-blo <u>beeyeh</u>-nehn ah lahs <u>o</u>-cho
ee <u>meh</u>-deeyah. ah-<u>deeyos</u> <u>ahs</u>-tah <u>lweh</u>-go <u>pah</u>-ko)

Paco ¡Adiós, Laura! ¡Hasta otro día!
(ah-<u>deeyos</u> <u>law</u>-rah. <u>ahs</u>-tah <u>o</u>-tro <u>dee</u>-ah)

Dialogue 5

Juan is trying to make a good impression at work and arrives right on
time. Unfortunately, his boss seems to be in a pretty bad mood. Listen to
the dialogue to find out what is going on at the office today.

El jefe ¡Hola Juan! Es usted puntual. Está bien porque
tenemos mucho trabajo hoy.
(<u>o</u>-lah khwahn. ehs oos-<u>tehd</u> poon-too-<u>ahl</u>. ehs-<u>tah</u>
beeyehn <u>por</u>-keh teh-<u>neh</u>-mos <u>moo</u>-cho trah-<u>bah</u>-kho
oyee)

El empleado Sí señor. Ya lo sé. Hay algunas cartas para mandar.
(see seh-<u>nyor</u>. yah lo seh. ayee ahl-<u>goo</u>-nahs <u>kahr</u>-tahs
<u>pah</u>-rah mahn-<u>dahr</u>)

El jefe ¿Cuántas cartas hay?
(<u>kwahn</u>-tahs <u>kahr</u>-tahs ayee)

El empleado Hay ciento veinticinco cartas, señor.
(ayee <u>theeyehn</u>-to beyeen-tee-<u>theen</u>-ko <u>kahr</u>-tahs
seh-<u>nyor</u>)

El jefe ¿Ciento veinticinco? ¡Qué horror!
(<u>theeyehn</u>-to beyeen-tee-<u>theen</u>-ko. keh o-<u>rror</u>)

El empleado Pero con mi ordenador no tardo tanto. Y podemos
mandar las cartas por correo electrónico.
(<u>peh</u>-ro kon mee or-deh-nah-<u>dor</u> no <u>tahr</u>-do <u>tahn</u>-to. ee
po-<u>deh</u>-mos mahn-<u>dahr</u> lahs <u>kahr</u>-tahs por ko-<u>rreh</u>-o
eh-lehk-<u>tro</u>-nee-ko)

El jefe Bueno. Siéntese. Puede empezar a escribir las
cartas. ¿Tiene la lista de clientes? También puede
contestar el teléfono hoy.
(<u>bweh</u>-no. <u>seeyehn</u>-teh-seh. <u>pweh</u>-deh ehm-peh-<u>thahr</u>
ah ehs-kree-<u>beer</u> lahs <u>kahr</u>-tahs. <u>teeyeh</u>-neh lah
<u>lees</u>-tah deh klee-<u>ehn</u>-tehs. tahm-<u>beeyehn</u> <u>pweh</u>-deh
kon-tehs-<u>tahr</u> ehl teh-<u>leh</u>-fono oyee)

| El empleado | Sí, señor. Tengo la lista y las direcciones de correo electrónico. |

El empleado   Sí, señor. Tengo la lista y las direcciones de correo electrónico.
(see seh-<u>nyor</u>. <u>tehn</u>-go lah <u>lees</u>-tah ee lahs dee-rehk-<u>theeyo</u>-nehs deh ko-<u>rreh</u>-o eh-lehk-<u>tro</u>-nee-ko)

El jefe   Muy bien, Juan. Y llame a mi secretaria por favor. No sé dónde está.
(mwee beeyehn khwahn. ee <u>yah</u>-meh ah mee seh-kreh-<u>tah</u>-reeyah por fah-<u>bohr</u>. no seh <u>don</u>-deh ehs-<u>tah</u>)

El empleado   Sí señor. ¿Ahora mismo?
(see seh-<u>nyor</u>. ah-<u>o</u>-rah <u>mees</u>-mo)

STUDY THE FOLLOWING VOCABULARY WORDS.

el repaso (reh-<u>pah</u>-so): review
la frase (<u>frah</u>-seh): sentence
el artículo (ahr-<u>tee</u>-koo-lo): article
leer (leh-<u>ehr</u>): to read
escoger (ehs-ko-<u>khehr</u>): to choose
segundo♂/segunda♀ (seh-<u>goon</u>-do): second
escribir a máquina (ehs-kree-<u>beer</u> ah <u>mah</u>keenah): to type

EJERCICIOS / EXERCISES

Choose the appropriate article to go with each noun. Make sure it matches the gender and number of the noun.

Ex.:
la pregunta
el aeropuerto
los mapas
las guías

1. _____ diálogo
2. _____ bancos
3. _____ escuelas
4. _____ clase
5. _____ boleto
6. _____ centro
7. _____ falda
8. _____ autobús
9. _____ taxi
10. _____ hora
11. _____ día
12. _____ guías
13. _____ tarde
14. _____ noche
15. _____ restaurante
16. _____ hotel

Exercise A

17. _____ trabajo		29. _____ amigo	
18. _____ oficina		30. _____ agenda	
19. _____ carta		31. _____ avión	
20. _____ ordenadores		32. _____ páginas	
21. _____ jefe		33. _____ teatro	
22. _____ empleada		34. _____ cine	
23. _____ lista		35. _____ calles	
24. _____ sillas		36. _____ teléfono	
25. _____ foto		37. _____ fax	
26. _____ mujer		38. _____ vacaciones	
27. _____ moto		39. _____ señores	
28. _____ hombres		40. _____ chico	

Exercise B

Fill in the blanks below with the appropriate form of the word in parenthesis.

Ex.:
(saber) No **sé** qué hora es.
(estudiar) Nosotros **estudiamos** español.

1. (estar) El avión _____ en el aeropuerto.

2. (ser) Yo no _____ italiano.

3. (salir) ¿A qué hora _____ usted?

4. (tener) Yo no _____ ninguna idea.

5. (trabajar) ¿Dónde _____ usted?

6. (ir) Elena _____ de viaje.

7. (saber) Nosotros no _____ decir esto.

8. (querer) ¿_____ usted venir al cine?

9. (poder) Yo no _____ hacer este ejercicio.

10. (ser) Usted _____ muy simpática.

11. (decir) Yo _____ que es verdad.

12. (volver) Él no _____ a casa tampoco.

13. (empezar) ¿Ustedes _____ a hablar bien el español?

14. (hablar) Ellos _____ mucho.

15. (escribir) ¿Están _____ a máquina ahora?

16. (poner) Yo no _____ la dirección del hotel.

17. (saber) ¿Ustedes _____ qué día es hoy?

18. (conocer) Yo no _____ a María.

19. (viajar) Nosotros _____ en el autobús.

20. (preferir) Yo _____ café con leche.

Only one option is correct to complete each sentence. Can you figure out which one?

Ex.:
Estudio con mi **libro** de español.
libro/libra/carné

1. No soy inglés. No soy francés _____.
   también/tampoco/pero

2. ¿De qué nacionalidad _____ usted?
   es/está/hay

3. Anita va _____ Sevilla mañana.
   a/ahora/en

4. ¿Quién es _____ chico?
   esto/esta/este

5. Viajo _____ una maleta.
   en/a/con

6. Mi _____ es muy alto.
   esposa/esposo/casa

7. Invito _____ Paco.
   a/por/la

8. Están _____ el centro.
   a/en/de

9. Son las siete y _____ voy.
   me/mi/mis

10. _____ salir, cierro la puerta.
    por/de/al

11. Es un _____ señor.
    gran/grande/grandes

12. ¿Tienes _____ idea buena?
    algún/algunas/alguna

7

¿QUÉ QUIEREN TOMAR?
WHAT WILL YOU HAVE?

**Son las diez de la mañana del domingo y Anita y Alberto
están sentados en la terraza de un café. Van a desayunar.
El camarero está cerca de su mesa.**
*It's ten o'clock on Sunday morning and Anita and Alberto are sitting
at the cafe's terrace. They're going to have breakfast. The waiter is
nearby.*

Camarero **Buenos días. ¿Qué quieren tomar?**
Good morning. What will you have?

Alberto **Buenos días. Para mí, café con leche, unas
tostadas y un bollo por favor, con mermelada y
mantequilla.**
*Good day. For me, coffee with milk, toast and a
bun, please, with marmalade and butter.*

Camarero **¿Y para usted, señorita?**
And for you, miss?

Anita **Para mí, té con limón. Me gusta el té. Y una
magdalena también.**
For me, tea with lemon. I like tea. And a muffin, too.

Alberto	¿Qué piensa hacer hoy, Anita? *What are you planning to do today, Anita?*
Anita	Nada especial. Voy a pasear. Me gusta pasear. *Nothing special. I'm going to walk around. I like walking around.*
Alberto	¿Algo más? *Anything else?*
Anita	También me encantan los monumentos históricos. Estoy pensando ir a la catedral o a algún museo, o al río. No quiero dormir la siesta. Me interesan mucho las ciudades antiguas como Sevilla. *I also adore historic buildings. I'm thinking of going to the cathedral or to some museum, or to the river. I don't want to take a nap. Ancient cities like Sevilla interest me a lot.*
Alberto	¿Una siesta? Yo tampoco. *A nap? Me neither.*
Anita	¿Qué va a hacer entonces, ir a tomar vino y tapas? *So what are you going to do, go for some wine and tapas?*
Alberto	No lo sé. ¿Por qué no vamos al cine? Hay una película nueva. ¿Vamos…? ¿De acuerdo? *I don't know. Why don't we go to the movies? There is a new movie. Shall we go? OK?*
Anita	Está bien. Pero quiero ver la ciudad también. ¿A qué hora quiere ir al cine? *Alright. But I also want to see the city. At what time do you want to go to the movie theater?*
Alberto	La sesión de tarde, a las siete, está bien pero si prefiere la sesión de noche, a las diez, entonces vamos a las diez. *The early evening show at seven is fine, but if you prefer the night show at ten, then we'll go at ten.*
Anita	Y mientras tanto podemos visitar algunos museos e ir de paseo. *And in the meantime we can visit some museums and go for a stroll.*
	(Media hora después) *(Half an hour later)*
Alberto	¡Camarero! La cuenta por favor. *Waiter! The bill, please.*

Camarero	Sí, señor. ¿Algo más?
	Yes sir, anything else?
Alberto	Nada más, gracias. ¿Cuánto le debo?
	Nothing else, thank you. How much do I owe you?
Camarero	Son siete euros con veinte.
	That's seven euros twenty.
Alberto	Aquí tiene.
	Here you are.

GRAMÁTICA / GRAMMAR

1. PENSAR, CREER, ACABAR / TO THINK, TO BELIEVE, TO FINISH

PENSAR
(pehn-sahr)

Yo **pienso**	Usted/Él/Ella **piensa**	Nosotros **pensamos**	Ellos **piensan**
I think	*You/He/She/It thinks*	*We think*	*They think*

CREER
(kreh-ehr)

Yo **creo**	Usted/Él/Ella **cree**	Nosotros **creemos**	Ellos **creen**
I believe	*You/He/She/It believes*	*We believe*	*They believe*

ACABAR (DE)
(ah-kah-bahr deh)

Yo **acabo**	Usted/Él/Ella **acaba**	Nosotros **acabamos**	Ellos **acaban**
I finish	*You/He/She/It finishes*	*We finish*	*They finish*

Pensar has a stem change from -e- to -ie- when the stress falls on the first syllable. In its most common function, "to think," "to believe," it is interchangeable with creer, which is regular in the present tense, that is, it has no stem changes. Note the presence of -ee- in cree. Pensar may also be used with the meaning of "to intend," "to plan."

Pienso ir al cine.
I plan to go to the movies.

¿No **piensan** volver hoy?
Aren't you planning to return today?

Two other important meanings of **pensar** are:
PENSAR EN: *to think about*

Piensan sólo en sus vacaciones.
They only think about their vacation.

Pienso en las tapas estupendas de aquel bar.
I am thinking about the wonderful tapas at that bar.

PENSAR DE: *to think about (to have an opinion about)*

¿Qué **piensa** usted del nuevo aeropuerto?
What do you think about the new airport?

ACABAR DE + *infinitive*: *to have just -ed*

Although **acabar** may be used by itself to mean that you finished something, when the preposition **de** is added after **acabar** and it is followed by the infinitive form of another verb, it indicates that the subject *just finished* whatever they are saying. Look at the following examples:

Acabo mis estudios en 2012.
I finish my studies in 2012.

Acabo de contestar el teléfono.
I have just answered the phone.

Acaban de salir.
They just left.

Acabamos de desayunar.
We just ate breakfast.

2. ME INTERESA, ME GUSTA, ME ENCANTA / IT INTERESTS ME, I LIKE IT, I LOVE IT

Although seeing the word **me** may lead you to believe that these are additional reflexive verbs, this is not the case. Note that the ending of the verb is not for the first person (**yo**) as it would be in the reflexive verb: **me levanto** (*I get up*) or **me ducho** (*I take a shower*). These expressions mean X interests me, appeals to me, enchants me, or in other words: I am interested in..., I like..., I love...

So, to simplify things, when in Spanish you say "**Me gusta Barcelona,**" you are really saying "*Barcelona is pleasing to me.*" There are many verbs that work just like gustar (encantar and interesar are two examples), and for all these verbs, you only have to learn two forms, singular and plural. Since the verb does NOT refer to the person speaking but to the thing(s) or person(s) being talked about, the only thing that changes is the number of things or persons the speaker likes. Take a look at the following chart:

Me gusta la película. *I like the movie.*	**Me gustan** las películas. *I like the movies.*
Me encanta México. *I love Mexico.*	**Me encantan** los mexicanos. *I love Mexicans.*

Note: Keep in mind that encantar means *to love* as in when you like something very much. To indicate that you love someone, (your mom, your boyfriend, your sister), you use the verb querer, not encantar.

Me interesa el teatro. *I'm interested in theater.*	**Me interesan** los animales. *I'm interested in animals.*

As you've probably figured out by now, the me in the above examples acts as the indirect object pronoun. Look at the chart below, which shows you the most commonly used indirect object pronouns in Spanish.

Me	*to me*
Le	*to you (singular, formal), to him, to her, to it*
Nos	*to us*
Les	*to you (plural, formal), to them*
Le gusta(n)	means something (singular or plural) appeals to him/her/you (singular, formal).
Nos gusta(n)	means something (singular or plural) appeals to us.
Les gusta(n)	means something (singular or plural) appeals to you (plural, formal) or them.

Take a look at the following examples:

¿**Le gusta** el vino?
Do you like wine?

Les gusta viajar.
They like to travel.

Nos encanta la catedral.
We love the cathedral.

Me **interesa** visitar los monumentos históricos.
I am interested in visiting historic buildings.

Remember that when you use **gustar** or any of the verbs that function like it, followed by another verb in the infinitive, the first verb is ALWAYS used in the singular form. Look at these examples:

Me gusta comer.	**Me gusta viajar** por el mundo.
I like to eat.	*I like to travel the world.*

3. Y, O / AND, OR

Whenever **y** (*and*) is followed by a word beginning with **i-** or **hi-** it changes to **e.**

Me gusta viajar **e** ir de paseo.
I like to travel and to go for a walk.

Vienen algunos amigos estadounidenses **e** ingleses.
Some American and English friends are coming.

Whenever **o** (*or*) is followed by a word beginning with **o-** or **ho-,** it changes to **u.**

Tiene siete **u** ocho guías.
He has seven or eight guidebooks.

¿Sale usted para Alemania **u** Holanda?
Are you leaving for Germany or Holland?

4. MAÑANA POR LA MAÑANA / TOMORROW MORNING

		la mañana
por	+	la tarde
		la noche

The above phrases mean *in the morning, afternoon, or evening/at night.*

Note: In Latin America, these expressions are commonly used replacing **por** with **en.**

Note that **mañana por la mañana** means *tomorrow morning.*

However, if you state the time by the clock, you must use **de.**

Abren a las diez **de la mañana.**
They open at ten in the morning.

El avión sale a las ocho **de la noche.**
The plane leaves at 8 PM.

---

5. PARA MÍ / **FOR ME**

Para mí	Para usted	Para nosotros	Para ustedes	Para ellos
For me	*For you*	*For us*	*For you (plural, formal)*	*For them*

Vino **para mí,** por favor.
Wine for me, please.

¿Un café **para usted?**
Coffee for you?

Note that **por** and **para** are discussed in detail in Lesson 9. For the time being, just try to remember the expressions you just learned.

---

6. ALGO, NADA; ALGUIEN, NADIE; SIEMPRE, NUNCA / **SOMETHING, NOTHING; SOMEBODY, NOBODY; ALWAYS, NEVER**

ALGO : NADA	ALGUIEN : NADIE	SIEMPRE : NUNCA
(<u>ahl</u>-go: <u>nah</u>-dah)	(<u>ahl</u>-geeyehn: <u>nah</u>-deeyeh)	(<u>seeyehm</u>-preh: <u>noon</u>-kah)
something : nothing	*somebody : nobody*	*always : never*

These words belong to the same "family" and they are referred to as *negative* or *affirmative* words. Using the affirmative expressions is as easy as learning the words. Learning the negative words requires a bit more practice, as in Spanish, double and triple negatives are quite frequent and contrary to what happens in English. Take a look at the following examples:

Algo pasa.	**No** pasa **nada.**
Something is happening.	*Nothing is happening.*
¿**Alguien** llama?	**No** llama **nadie.**
Is anyone calling?	*Nobody is calling.*

¿**Alguien** está allí?	**No, nadie** está allí.
Is anyone there?	*No, nobody is there.*
¿**Alguien** quiere ir?	**Nadie** quiere ir.
Does anyone want to go?	*Nobody wants to go.*
Siempre se levanta a las ocho.	**Nunca** sale.
He always gets up at eight.	*He never goes out.*

Note: **nada, nadie, nunca** and **ninguno** may be placed before the verb. If they follow the verb, **no** must always go in front of the word.

No habla **nadie.** = **Nadie** habla.	*Nobody speaks.*
No pasa **nada.** = **Nada** pasa.	*Nothing is happening.*
No come **nunca.** = **Nunca** come.	*He never eats.*

You have already learned (in Lesson 5) that **alguno**♂/**alguna**♀ and **ninguno**♂/**ninguna**♀ mean "*some*" and "*not any.*"

¿Tiene **algún** dinero?
Do you have any money?

No. No tengo **ningún** dinero.
No. I don't have any money.

---

7. NÚMEROS DESDE 130 / NUMBERS FROM 130

ciento treinta
(<u>theeyehn</u>-to <u>treyeen</u>-tah)
130

ciento cuarenta y cuatro
(<u>theeyehn</u>-to <u>kwah</u>-rehn-tah ee <u>kwah</u>-tro)
144

doscientos
(dos-<u>theeyehn</u>-tos)
200

trescientos
(trehs-<u>theeyehn</u>-tos)
300

cuatrocientos
(<u>kwah</u>-tro-<u>theeyehn</u>-tos)
400

quinientos
(kee-<u>neeyehn</u>-tos)
500

seiscientos
(seyees-<u>theeyehn</u>-tos)
600

setecientos
(seh-teh-<u>theeyehn</u>-tos)
700

ochocientos
(o-cho-<u>theeyehn</u>-tos)
800

novecientos
(no-beh-<u>theeyehn</u>-tos)
900

mil
(meel)
1000

un millón
(oon mee-<u>yon</u>)
1,000,000

dos millones
(dos mee-<u>yo</u>-nehs)
2,000,000

Study the following examples. You will see that when used to refer to specific things, numbers from 200–900 change their ending to match the gender of the thing being talked about.

Son **ochocientas** libras esterlinas. Son **ochocientos** pesos.
It is eight hundred pounds sterling. It is eight hundred pesos.

You will also see that mil does not take the equivalent of our "*a*."

Tengo **mil** euros.
I have one thousand euros.

Millón, however, is preceded by un.

Tienen **un millón** de coches.
They have a million cars.

The plural of millón is millones. If either word is followed by a noun, de is included.

El año **mil cuatrocientos noventa y dos** es muy importante.
The year 1492 is very important.

Dos millones de personas viven en la ciudad.
Two million people live in the city.

VOCABULARIO / VOCABULARY

sentado♂/sentada♀: seated
la terraza: terrace
un café: coffee, café
el camarero♂/la camarera♀: waiter/waitress
la cuenta: check, bill
cerca (de): near
comer: to eat
desayunar: to have breakfast
tomar: to take, to drink
me interesa: I am interested in
me gusta: I like
me encanta: I love
querer: to want, to love
visitar: to visit
ir de paseo: to go for a walk, to stroll
pensar: to think
creer: to believe, to think
pensar de: to think about (to have an opinion of)
pensar en: to think of (about, dream of)
acabar: to finish
el bollo: bun
la tostada: toast
la mermelada: marmalade
la mantequilla: butter
la magdalena: muffin
el té: tea
el limón: lemon
el vino: wine
las tapas: small appetizers
¿Cuánto le debo?: How much do I owe you?
algo: something
nada: nothing
alguien: someone
nadie: no one, nobody
nunca: never

siempre: always
el monumento: monument
la catedral: cathedral
el museo: museum
el río: the river
la siesta: nap
la película: movie
la sesión: showing, session
nuevo♂/nueva♀: new
antiguo♂/antigua♀: old, ancient
importante: important
por la mañana: in the morning
mañana por la mañana: tomorrow morning
mientras tanto: in the meantime
de acuerdo: agreed
Holanda: Holland
Alemania: Germany

EJERCICIOS / **EXERCISES**

Exercise A

Answer the questions below according to the information in this lesson's dialogue.

1. ¿Dónde están sentados Anita y Alberto? _____

_____

2. ¿Qué toma Alberto?_____

_____

3. ¿Qué toma Anita?_____

_____

4. ¿Anita piensa hacer algo especial aquel día?_____

_____

5. ¿Están en una ciudad interesante? _____

_____

6. ¿Alguien quiere dormir la siesta? _____

_____

7. ¿Qué quiere hacer Alberto? _____

_____

8. ¿A qué hora empieza la sesión de noche? _____

_____

9. ¿Qué van a hacer antes de ir al cine? _____

_____

10. ¿Cómo llama Alberto al camarero? ¿Qué dice?

_____

_____

11. ¿Cuánto paga? _____

_____

12. ¿Qué dice Alberto cuando paga? _____

_____

¿A qué hora sale? Look at the example below and then rewrite each expression using the 24-hour clock.

Ex.:
El vuelo… sale a las quince horas cuarenta y cinco minutos.
Sale a las cuatro menos cuarto.

1. Sale a las dieciséis horas y cinco minutos. _____

_____

2. Sale a las veinte horas y treinta minutos. _____

_____

3. Sale a las dieciocho horas y veinticinco minutos.

_____

_____

4. Sale a las veintidós horas. _____

_____

Exercise B

Use the most appropriate form of **nadie, nada, nunca, ninguno** or **tampoco** to answer each question below.

Ex.:

¿Toma usted algo con el café?
No, no tomo nada.

1. ¿Viene alguien a casa hoy? _____

   _____

2. ¿Siempre cena usted en aquel restaurante? _____

   _____

3. ¿Tienen ustedes alguna idea? _____

   _____

4. ¿Desea usted visitar algún museo? _____

   _____

5. ¿Ellos comen tapas también? _____

   _____

Visit www.berlitzpublishing.com for a bonus internet activity—go to the downloads section and connect to the world in Spanish!

EN UN HOTEL
IN A HOTEL

El señor Martínez está en la ciudad de Santiago. Va a la pensión Altamira, donde tiene una reserva para la noche. Ahora está hablando con la recepcionista de la pensión.
Mr. Martinez is in Santiago. He goes to the Altamira hostel, where he has a reservation for one night. Now, he's speaking with the hostel's receptionist.

Recepcionista	**Hola, buenas tardes. ¿Qué desea?** *Hello, good afternoon. May I help you?*
Sr. Martínez	**Buenas tardes. Tengo una reserva para esta noche.** *Good afternoon. I have a reservation for tonight.*
Recepcionista	**¿Su nombre por favor?** *Your name please?*
Sr. Martínez	**Soy Pablo Martínez.** *I am Pablo Martínez.*
Recepcionista	**Bueno…Aquí está, una reserva para una persona.** *Good… here it is, a reservation for one person.*

Sr. Martínez	**Pues sí. Para una noche. Me voy mañana por la mañana.** *Right. For one night. I'm leaving tomorrow morning.*
Recepcionista	**¿Quiere rellenar esta ficha? ¿Tiene equipaje? Puede darle sus maletas al botones.** *Would you fill out this card, please? Do you have any baggage? You can give your suitcases to the bellhop.*
Sr. Martínez	**¿Tiene bolígrafo por favor? ¿Equipaje? No llevo nada, sólo esta maleta pequeña.** *Do you have a pen, please? Baggage? I have nothing, just this small suitcase.*
Recepcionista	(Pausa) **Aquí tiene la ficha y el bolígrafo.** *(Pause) Here are the card and the pen.*
Sr. Martínez	**Gracias.** *Thanks.*
Recepcionista	**¿Habitación individual?** *A single room?*
Sr. Martínez	**No. Doble por favor y con vista al mar.** *No. A double room, please, with an ocean view.*
Recepcionista	**Aquí tiene una habitación tranquila con baño completo.** *Here's a quiet room with a full bathroom.*
Sr. Martínez	**¿En qué piso está?** *What floor is it on?*
Recepcionista	**En el tercer piso. Puede tomar el ascensor.** *On the third floor*. You can take the elevator.*
Sr. Martínez	**¿Hay teléfono en la habitación?** *Is there a phone in the room?*
Recepcionista	**¡Claro que sí! Aquí tiene la llave. No…un momentito. Es la veintiséis y usted quiere la treinta y seis.** *Of course! Here's the key. No…one moment, please. This is for room twenty-six and you want thirty-six.*
Sr. Martínez	**¿Y el comedor? ¿Hasta qué hora sirven la cena y el desayuno?** *And the dining room? How late are dinner and breakfast served?*
Recepcionista	**Está por allí en la planta baja…La cena la sirven hasta las once y el desayuno de ocho a once.** *It's on the ground floor over there…Dinner is served until eleven o'clock, and breakfast from eight until eleven.*

Sr. Martínez	**Gracias, señorita.**
	Thank you miss.
Recepcionista	**No hay de qué. Hasta luego señor Martínez.**
	You're welcome. (Literally: There is no need to.)
	See you later, Mr. Martínez.

*In some countries **el primer piso** (the first floor) is counted as being the one above the floor on the ground level. All the succeeding floors will then be one less than the number would have been under the American system.

Therefore in Spanish:

the first floor is usually **la planta baja;**
the second floor is usually **el primer piso;**
the third floor is usually **el segundo piso;**
the fourth floor is usually **el tercer piso,** etc.

Be prepared. Just as British English is different from American English (U.S. first floor = U.K. ground floor), you may find variations in Spanish according to region and country.

GRAMÁTICA / GRAMMAR

1. MÁS ADJETIVOS POSESIVOS / MORE POSSESSIVE ADJECTIVES

As you probably remember from the initial presentation of possessive adjectives in Lesson 5, in Spanish these adjectives agree in number and gender with the item possessed. **Mi** has a plural **mis, su** becomes **sus** in its plural form, and **nuestro** (*our*) becomes **nuestros** in its plural form. **Nuestro** also has a feminine form, **nuestra,** which in its plural version becomes **nuestras.** Study the following examples:

Nuestra habitación está en este piso. (**habitación** is feminine)
Our room is on this floor.

Nuestros hijos son estudiantes. (**hijos** is masculine and plural)
Our children are students.

---

2. DAR, SERVIR, VER / TO GIVE, TO SERVE, TO SEE

DAR (dahr)	*to give*		
Yo **doy**	Usted/Él/Ella **da**	Nosotros **damos**	Ellos **dan**
I give	*You/He/She/It gives*	*We give*	*They give*

Damos propina al botones.
We give the bellhop a tip.

Doy comida a los perros.
I give food to the dogs.

Although in English you give someone something, in Spanish you have to include "to," i.e. give <u>to</u> someone something, or give something <u>to</u> someone.

Dan la llave **al** señor.
They give the man the key.

SERVIR	to serve		
(sehr-<u>beer</u>)			

Servir also has a stem change when the stress falls on the stem vowel.

Yo **sirvo**	Usted/Él/Ella **sirve**	Nosotros **servimos**	Ellos **sirven**
I serve	*You/He/She/It serves*	*We serve*	*They serve*

Sirven té y café.
They serve tea and coffee.

Sirven el desayuno en el comedor a las ocho.
They serve breakfast in the dining room at eight.

VER	to see		
(behr)			
Yo **veo**	Usted/Él/Ella **ve**	Nosotros **vemos**	Ellos **ven**
I see	*You/He/She/It sees*	*We see*	*They see*

Vemos a mis amigos.
We see my friends.

Ven el coche.
They see the car.

---

3. PRIMERO AL DECIMO / **FIRST THROUGH TENTH**

You have already seen **primero**♂/**primera**♀ (first) and **segundo**♂/**segunda**♀ (second). Here are the rest of the ordinal numbers. **Primero** is also used in Latin America to indicate the first of the month (**el primero**). In Spain, this use of **primero** is quite rare, however. Knowing these numbers is very useful when you have to deal with floors of buildings, following directions, etc. These words are adjectives, so they agree with their noun in number and gender.

1.	(uno)	primero♂/primera♀	(pree-<u>meh</u>-ro♂/ pree-<u>meh</u>-rah♀)
2.	(dos)	segundo♂/segunda♀	(seh-<u>goon</u>-do♂/ seh-<u>goon</u>-dah♀)
3.	(tres)	tercero♂/tercera♀	(tehr-<u>theh</u>-ro♂/ tehr-<u>theh</u>-rah♀)
4.	(cuatro)	cuarto♂/cuarta♀	(<u>kwahr</u>-to♂/ <u>kwahr</u>-tah♀)
5.	(cinco)	quinto♂/quinta♀	(<u>keen</u>-to♂/ <u>keen</u>-tah♀)
6.	(seis)	sexto♂/sexta♀	(<u>sehks</u>-to♂/ <u>sehks</u>-tah♀)
7.	(siete)	séptimo♂/séptima♀	(<u>sehp</u>-tee-mo♂/ <u>sehp</u>-tee-mah♀)
8.	(ocho)	octavo♂/octava♀	(ok-<u>tah</u>-bo♂/ ok-<u>tah</u>-bo♀)
9.	(nueve)	noveno♂/novena♀	(no-<u>beh</u>-no♂/ no-<u>beh</u>-nah♀)
10.	(diez)	décimo♂/décima♀	(<u>deh</u>-thee-mo♂/ <u>deh</u>-thee-mah♀)

la quinta planta/el quinto piso
the fifth floor

el primer plato
the first course

Enrique Octavo
Henry VIII

la tercera calle
the third street

---

4. TRATAMIENTOS / TITLES

Spaniards use Señor, Señora, and Señorita more than we use the English equivalents. They are used by themselves as well as to attract someone's attention, and also with family names. When speaking about someone, you say el señor X, la señora X; when addressing them directly, drop the el or la.

Ex.:
¡Señor, por aquí!
This way, sir.

Mi profesor es el señor Díaz.
My teacher is Mr. Díaz.

¡Buenos días, señor Valenzuela!
Good day, Mr. Valenzuela.

You will also hear the words **Don** and **Doña** used with a person's first name, as a token of respect.

Don Juan   **Doña Maite**

Remember that Spanish speakers often have only one first name (even if it's made out of two separate words), but usually two family names. Women keep their maiden name after marriage, and children receive the first family name of each parent as their last names.

So, if **Juan Antonio Montoya Torres** marries **Maria Amparo Herrera Montes** and they have a child with a first name **Eusebio**, what will Eusebio's last names be? Keep in mind that **Juan Antonio** and **Maria Amparo** are single first names, even if they're composed of two separate words. Since we have to take the first family name from the father, we already know it will be **Eusebio Montoya**, and since Eusebio's second family name should be his mother's first family name, the child's full name will be **Eusebio Montoya Herrera.**

Be warned: **Juan López Valdecasas** is not Mr. Valdecasas, but Mr. López Valdecasas.

Women from older generations (born before 1960 or so) may be referred to by their husband's name preceded by **de** (*of*).

Ex.:
Señora **de** Muñoz
or
Señora Elena Escobar **de** Bravo.

---

5. ME GUSTARÍA / I WOULD LIKE

ME GUSTARÍA - *I would like*
(meh goos-tah-<u>ree</u>-ah)

This comes from **gustar** and is a very courteous form to say that you would like to do something.

Me gustaría conocer el país.
I would like to know the country.

Me gustaría desayunar a las siete.
I would like to have breakfast at seven.

Note: For the time being, use this expression to indicate what you would like to do, see, buy, etc. Do not use it in Spain to order food or drinks, as people will not understand what you are trying to express. For this purpose, use **Quería** (literally *I wanted*), or **Quiero** (*I want*) followed by what you want to order.

Quería un café, por favor.
I'd like a coffee, please.

Quiero una cerveza y una ensalada.
I'll have a beer and a salad.

---

6. MUCHO♂/MUCHA♀ / MUCH – A LOT

You are already familiar with **mucho**. Remember that it can be used with a verb:

Bebemos **mucho** porque tenemos calor.
We drink a lot because we are hot.

Estudio **mucho**.
I study a lot.

It can also be used as an adjective; in this case it agrees with the noun in number and gender.

Hay **muchos italianos** aquí.
There are a lot of Italians here.

No tenemos **mucha leche.**
We do not have much milk.

---

7. POCO♂/POCA♀, DEMASIADO♂/DEMASIADA♀ / (A) LITTLE, FEW, TOO MUCH

Poco♂/Poca♀ means "little;" **un poco** means "a little" and is similarly used.

Antonio estudia muy poco.
Antonio studies very little.

Andrea estudia un poco.
Andrea studies a little.

Pocos or **pocas**, in the plural form, is often translated as "*few*" or "*a few.*"

Hay **pocos estadounidenses** en Alemania.
There are few Americans in Germany.

Conozco a pocas mujeres en Valencia.
I know few women in Valencia.

DEMASIADO♂/DEMASIADA♀ means "*too much.*" When used as an adverb, it stays in the singular masculine form, demasiado. However, when used as an adjective, it must agree in gender and number with the noun it modifies.

Estudia **demasiado.**
He studies too much.

No quiero **demasiada leche.**
I don't want too much milk.

Hablan **demasiado.**
They talk too much.

Hay **demasiados estudiantes.**
There are too many students.

---

8. LO + ADJETIVO / LO + ADJECTIVE

Lo is usually called a "neuter" article, that is, it doesn't refer to anything in particular but mostly to something abstract. It doesn't change to agree with anything, and it is always placed before the adjective. Study the following examples:

Lo bueno es que...
The good thing is that...

Lo importante es que...
The important thing is that...

lo contrario
the opposite

VOCABULARIO / VOCABULARY

la pensión: guest house, hostel
la habitación: room
la reserva: reservation
la ficha: card, index card
la vista: sight, view
la vista al mar: overlooking the sea/ocean
el piso: apartment/flat, floor
el ascensor: elevator
la planta baja: first floor/ground floor
el equipaje: baggage
la recepción: reception
la recepcionista: receptionist
el baño: bath, bathroom
el momento: moment
la cena: dinner
el comedor: dining room
la propina: tip
el país: country

la cerveza: beer
Don: title of respect for a man, used with a first name
Doña: title of respect for a woman, used with a first name
dar: to give
servir: to serve
rellenar: to fill in
llevar: to carry, wear, have on you
desde: from
hasta: until
me gustaría: I would like
aquí tiene: here you are
¿Qué desea?: May I help you?
claro que sí/no: of course/of course not
famoso♂/famosa♀: famous
contrario♂/contraria♀: opposite
individual: single (room)
doble: double (room)
tercero♂/tercera♀: third
cuarto♂/cuarta♀: fourth
quinto♂/quinta♀: fifth
sexto♂/sexta♀: sixth
séptimo♂/séptima♀: seventh
octavo♂/octava♀: eighth
noveno♂/novena♀: ninth
décimo♂/décima♀: tenth

EJERCICIOS / **EXERCISES**

Answer the questions below according to the information from this lesson's dialogue.

1. ¿En qué ciudad está el señor Martínez hoy?

   _____

2. ¿Tiene una reserva para una noche o para dos noches?

   _____

3. ¿Con quién habla? _____

   _____

4. ¿Por qué necesita un bolígrafo? _____

   _____

5. ¿Cuántas maletas tiene? _____

   _____

Exercise A

6. ¿La pensión tiene ascensor? _____

_____

7. ¿A qué hora sirven el desayuno? _____

_____

8. ¿El señor Martínez quiere llamar por teléfono?

_____

_____

Exercise B

Can you figure out the opposite word for each item in the list?

1. no _____
2. grande _____
3. de pie _____
4. bueno _____
5. también _____
6. poco _____
7. comenzar _____
8. alguno _____

9. nada _____
10. nunca _____
11. nuevo _____
12. ir _____
13. el hombre _____
14. la noche _____
15. tener frío _____
16. aquí _____

Exercise C

Fill in each sentence with an appropriate possessive adjective. Remember to match gender and number with the corresponding noun.

Ex.:
Tengo **mi** boleto, **mi** pasaporte y **mis** maletas.
Alfonso lleva **sus** llaves y **su** tarjeta de identidad.

1. Marta tiene _____ café y _____ tostadas.

2. ¿Tenemos _____ billetes y _____ tarjetas postales?

3. El chico da _____ mermelada y _____ bollos a _____ padre.

4. Invitamos a _____ amigos y a _____ jefe a cenar en _____ casa.

5. Le doy _____ falda y _____ zapatos a _____ amiga.

Let's review the ordinal numbers. Can you fill in the blanks with the correct one?

Ex.:
La unidad número uno es la **primera** unidad.

1. La página número cinco es la _____ página.

2. La pregunta número seis es la _____ pregunta.

3. El diálogo número dos es el _____ diálogo.

4. La respuesta número cuatro es la _____ respuesta.

5. El autobús que pasa después del segundo autobús es el _____ autobús.

Visit www.berlitzpublishing.com for a bonus internet activity—go to the downloads section and connect to the world in Spanish!

9 DAVID VA A LA OFICINA DE CORREOS
DAVID GOES TO THE POST OFFICE

Durante un viaje en otro país, David tiene que enviar algunas cosas desde Correos. Escuche su conversación con la empleada de la oficina de Correos.

During a trip in a foreign country, David has to send some things through the Post Office. Listen to his conversation with an employee at the Post Office.

David	**Quisiera comprar un sello para una tarjeta postal.**
	I'd like to buy a stamp for a postcard.
Empleada	**¿Para dónde?**
	Where for?
David	**Para el Reino Unido.**
	For the United Kingdom.
Empleada	**Son doscientos diez pesos. ¿Algo más?**
	That's 210 pesos. Anything else?
David	**También quería mandar dos cartas, una para Estados Unidos y otra para este país.**
	I also wanted to send two letters, one is for the U.S. and this one is for this country.

| Empleada | Hace falta pesar las dos. |
| | *It is necessary to weigh both of them.* |

| David | Pensaba que hay una sola tarifa dentro del país. |
| | *I thought there was just one rate inside the country.* |

| Empleada | No, no es así. |
| | *No, it doesn't work like that.* |

La empleada toma las cartas, las pesa y le da a David los sellos.
The employee takes the letters, weighs them and gives the stamps to David.

| Empleada | Aquí tiene. Este es para este país, ése es para Estados Unidos. |
| | *Here you are. This one is for this country; that one is for the U.S.* |

| David | También me gustaría mandar este paquete a Nueva York. No sabía si hacía falta mandarlo por avión. ¿Va a tardar mucho tiempo en llegar? ¿Qué piensa? |
| | *I'd also like to send this package to New York. I did not know if it was necessary to send it by air. Is it going to take long to arrive? What do you think?* |

| Empleada | Según. A veces sí, a veces no. Tal vez una semana, más o menos. |
| | *It depends. Sometimes it does, sometimes it doesn't. Perhaps a week, more or less.* |

| David | Tiene que llegar antes de Semana Santa, por lo tanto lo voy a mandar por avión. |
| | *It has to arrive before the Holy Week. Therefore, I'm going to send it by air.* |

| Empleada | Con las fiestas tarda más, claro. |
| | *With the public holidays it takes longer, of course.* |

| | (Pausa) Va a ser un poquito caro. Lo siento. |
| | *(Pause) It's going to be a bit expensive. I'm sorry.* |

| David | Sabía que iba a costar bastante. |
| | *I knew it was going to cost a fair amount.* |

| Empleada | Son mil quinientos pesos en total. |
| | *That's one thousand five hundred pesos in all.* |

| David | Espere... Aquí tiene dos mil. No tengo suelto. |
| | *Wait, here's two thousand. I've no change.* |

| Empleada | ¡Vale!* Dos mil... Y aquí quinientos. Y tiene que rellenar una ficha. |

> OK! Two thousand…and here's five hundred. And you have to fill out a form.

David   **De acuerdo. No lo sabía.**
All right. I didn't know.

> **(Pausa) ¿Qué hace falta escribir aquí? ¿Valor del contenido? ¿Dirección? No vivo aquí.**
> *(Pause) What do I have to put here? Value of contents? Address? I don't live here.*

Empleada   **Tiene que poner algo. ¿El nombre de su hotel?**
You have to put something. The name of your hotel?

David   **Gracias, señorita.**
Thanks, miss.

Empleada   **A usted, adiós.**
Thank you, goodbye.

*¡Vale! means "OK." ¡Cómo no! is often used in Latin America with this same meaning.

GRAMÁTICA / GRAMMAR

1. HACE FALTA, HAY QUE, TENGO QUE, DEBO / IT IS NECESSARY, I HAVE TO, I MUST

These expressions all include an idea of necessity. Their use overlaps in some areas.

Hace falta + *infinitive* means "it is necessary to…"

Hace falta pesar las cartas.
It is necessary to weigh the letters.

Hace falta hablar español.
It is necessary to speak Spanish.

No hace falta rellenar otra ficha.
It is not necessary to fill in another form.

Hace falta + *noun* means "X is necessary," or "I need X."

¿Hace falta un bolígrafo?
Is a pen needed?

If the noun is plural, **hace** will become **hacen.**

¿Hacen falta las otras llaves?
Are the other keys needed?

Hacen falta más personas.
More persons are needed.

HAY QUE + *infinitive*, means "it is necessary to/one has to." It can only be followed by an infinitive, never by a noun.

Hay que escribir la dirección.
It's necesary to write the address.

Hay que pagar cien dólares.
It is necessary to pay $100.

TENER QUE + *infinitive*, means "to have to."
This way of expressing need is personal: you can say "I/you/we/they have to..."

Tengo que llamar por teléfono.
I have to make a phone call.

Tenemos que pagar.
We have to pay.

Ustedes tienen que tomar un taxi.
You have to take a taxi.

DEBER + *infinitive* means "one must..."
This is another personal way of expressing need, often conveying moral obligation.

Debemos escribir estas postales.
We must write these postcards.

Debo volver a hacer este ejercicio.
I must do this exercise again.

Ustedes deben llegar para las fiestas.
You must arrive for the public holidays.

No debemos pensar en esto.
We must not think about this.

2. PRONOMBRES DE OBJETO DIRECTO / DIRECT OBJECT PRONOUNS

As you probably know from English, the direct object answers the question "what?" or "whom?" in reference to the subject. Direct object pronouns have the same role, and they are often used to avoid redundancy (so that you do not repeat the direct object over and over again). Look at the following examples:

La empleada tiene **sellos**.
The employee has stamps.

La empleada **los** tiene.
The employee has them.

Here, **los** is the direct object pronoun and stands for **los sellos,** the direct object. As you can see, the direct object pronoun matches the gender and number of the noun it replaces.

El señor manda **la carta.**
The man sends the letter.

El señor **la** manda.
The man sends it.

Here, **la** stands for **la carta.**

Quiero comer **el bollo.**
I want to eat the bread roll.

Quiero comer**lo./Lo** quiero comer.
I want to eat it.

In the previous example the pronoun **lo,** standing in for **el bollo** can go in one of two places. It can go either in front of **quiero** or after the infinitive **comer.** When you have a verb + infinitive you can use either word order. See also:

Vamos a hacer**lo.**
Lo vamos a hacer.
We are going to do it.

3. LEER, MIRAR, BUSCAR, ESCUCHAR, PEDIR / TO READ, TO LOOK, TO SEARCH, TO LISTEN, TO ASK FOR

LEER (leh-<u>ehr</u>)	*to read*		
Yo **leo**	Usted/Él/Ella **lee**	Nosotros **leemos**	Ellos **leen**
I read	*You/He/She/It reads*	*We read*	*They read*

MIRAR (mee-<u>rahr</u>)	*to look*		
Yo **miro**	Usted/Él/Ella **mira**	Nosotros **miramos**	Ellos **miran**
I look	*You/He/She/It looks*	*We look*	*They look*

BUSCAR (boos-<u>kahr</u>)	*to search, to look for*		
Yo **busco**	Usted/Él/Ella **busca**	Nosotros **buscamos**	Ellos **buscan**
I search	*You/He/She/It searches*	*We search*	*They search*

ESCUCHAR (ehs-koo-<u>chahr</u>)	*to listen*		
Yo **escucho**	Usted/Él/Ella **escucha**	Nosotros **escuchamos**	Ellos **escuchan**
I listen	*You/He/She/It listens*	*We listen*	*They listen*

PEDIR (peh-<u>deer</u>)	*to ask for*		
Yo **pido**	Usted/Él/Ella **pide**	Nosotros **pedimos**	Ellos **piden**
I ask for	*You/He/She/It asks for*	*We ask for*	*They ask for*

Leer follows the same pattern as **creer**, "to believe" (Lesson 7). Do not forget the **-ee-** in **cree, lee.**
Mirar, buscar, and **escuchar** are regular verbs.

Pedir is a stem-changing verb. The **-e-** stem of the infinitive becomes **-i-** when the stress falls on it.

Leemos poco.	**Miramos el televisor.**	**Pido agua.**
We read little.	*We watch television.*	*I ask for water.*
Buscan el bar.	**Escucho la radio.**	
They look for the bar.	*I listen to the radio.*	

---

4. PARA Y POR / **FOR**

Both of these words may mean "for." The best way to learn to use them correctly is to memorize some of the most frequent uses. Here are some guidelines to help you decide which one to use and when:

PARA is used:

i. Before the infinitive, meaning "in order to."
Pepe va a correos para comprar sellos.
Pepe goes to the post office to buy stamps.

ii. To express use or purpose.
¿Para qué sirve este libro?
What is this book for?

iii. To express movement toward, or destination.

Vamos para Valparaíso.
We are going toward Valparaíso.

iv. To express "to" or "for" after bastante, enough; demasiado, too much; muy, very.

El español es muy fácil para mí.
Spanish is very easy for me.

No son bastante importantes para ir allí.
They are not important enough to go there.

POR is used:

i. To express place "through," "along."

Da un paseo por la calle.
He goes for a walk along the street.

El tren pasa por el centro.
The train goes through the center.

ii. To express exchange.

Doy mucho dinero por esto.
I give a lot of money for this.

iii. To express manner or means.

Mando la carta por avión.
I send the letter by air.

Llamamos por teléfono al hotel.
We telephone the hotel.

iv. To express proportion or sequence.

Veinte kilómetros por hora.
Twenty kilometers an hour.

Entran uno por uno.
They come in one at a time.

v. To express "on behalf of," "for the sake of."

Hace mucho por el país.
He does a lot on behalf of the country.

5. EL IMPERFECTO / THE IMPERFECT

Until now you have mainly studied verbs in the present tense. In order to speak about the past, you need to learn some of the past tenses. In this lesson, we're going to practice using the imperfect tense, one of the easiest tenses to learn in Spanish.

This tense is used to describe:

i.	Continuous action in the past	*It was raining.*
ii.	Repeated action in the past	*I used to go there. I would get up each day at six.*
iii.	To describe how something was	*The church was on a hill. It was very old.*

It is not possible to say that the Spanish imperfect is conveyed in English by any specific combination of words. Sometimes we use "*was/were -ing*," or "*used to —*," or even "*would —*," if "*would*" means "*used to*." Sometimes English just uses the simple past: "He had a house in the country."

6. TERMINACIONES PARA FORMAR EL IMPERFECTO / ENDINGS TO FORM THE IMPERFECT

-AR VERBS

MIRAR	*to look*		
Yo mir**aba**	Usted/Él/Ella mir**aba**	Nosotros mir**ábamos**	Ellos mir**aban**
I looked	*You/He/She/It looked*	*We looked*	*They looked*

-ER/-IR VERBS
(These two types of verbs share the same set of endings in the imperfect.)

VIVIR	*to live*		
Yo viv**ía**	Usted/Él/Ella viv**ía**	Nosotros viv**íamos**	Ellos viv**ían**
I lived	*You/He/She/It lived*	*We lived*	*They lived*

You simply remove the **-ar** or **-er/-ir** and add the appropriate ending. There are no stem changes in the imperfect and only three verbs have an irregular form. These are so frequently used that you will learn them very quickly. Take a look at their forms:

SER	*to be*		
Yo **era**	Usted/Él/Ella **era**	Nosotros **éramos**	Ellos **eran**
I was	*You/He/She/It was*	*We were*	*They were*

IR	*to go*		
Yo **iba**	Usted/Él/Ella **iba**	Nosotros **íbamos**	Ellos **iban**
I used to go	*You/He/She/It used to go*	*We used to go*	*They used to go*

VER	*to see*		
Yo **veía**	Usted/Él/Ella **veía**	Nosotros **veíamos**	Ellos **veían**
I saw	*You/He/She/It saw*	*We saw*	*They saw*

Era importante para mí.
It was important for me.

Iba a la escuela allí.
I used to go to school there.

Íbamos en el coche.
We used to go in the car.

VOCABULARIO / **VOCABULARY**

el imperfecto: imperfect
el complemento directo: direct object
el pronombre: pronoun
para: for; in order to; toward
por: for; through; by
el sello: stamp
el paquete: package, parcel

la tarifa: tariff, rate
Correos: Post Office
Reino Unido♂: United Kingdom
Semana Santa♀: Holy Week
la fiesta: public holiday; party
un poquito: a little (bit)
el suelto: change (of money)
la dirección: address
el nombre: name
el valor: value
el contenido: contents
hace falta: it is necessary
hay que: it is necessary
debo: I must
tengo que: I have to
pesar: to weigh
llegar: to arrive
esperar: to wait for; to hope
costar: to cost
mirar: to look at
buscar: to look for, search
escuchar: to listen
pedir: to ask for
bastante: enough; a fair amount
solo♂/sola♀: alone
lo siento: I am sorry
por lo tanto: therefore
dentro de: inside
por avión: by air
según: it depends
tal vez: maybe, perhaps

EJERCICIOS / EXERCISES

Answer the questions below using the information from this lesson's dialogue.

Exercise A

1. ¿Dónde está David? _____

_____

2. ¿Quiere comprar una tarjeta postal? _____

_____

3. ¿Cuántas cartas quería mandar? _____

_____

4. ¿Cuánto tiempo va a tardar en llegar la carta a Nueva York?

_____

_____

5. ¿Sabía David cuánto iba a costar? _____

_____

6. ¿Cuánto es en total? _____

_____

7. ¿Qué tenía que escribir en la ficha? _____

8. ¿Tenía David dinero suelto? _____

_____

Exercise B

Can you replace the direct object in each sentence with its appropriate pronoun?

Ex.:
David manda la carta.
David **la** manda.

1. David rellena la ficha. _____
2. Escribe la dirección. _____
3. Compra sellos. _____
4. No veo el nombre. _____
5. ¿Tiene el dinero? _____
6. Ahora estudia la gramática. _____
7. No veo los monumentos. _____
8. Miramos el paquete. _____
9. Queremos abrir las cartas. _____
10. Pido unos bollos. _____

Exercise C

Review the uses of **para** and **por** to determine which option is the correct one for each item below.

1. Viene dos veces _____ semana.
2. Salen _____ Holanda hoy.
3. Las cartas son _____ mi jefe.

4. ¿Hay un banco _____ aquí?

5. No es muy fácil _____ mí.

6. ¿_____ qué sirve esta máquina?

7. Estudio español _____ poder hablar bien.

8. Doy un euro _____ el bolígrafo.

The following sentences are all in the present tense. Take a look at the verb and see if you can rewrite each sentence in the imperfect tense.

Exercise D

Ex.:
Vivo en esta ciudad.
Vivía en esta ciudad.

1. Compran mucho. _____

2. Hablamos bastante_____

3. Como demasiado _____

4. ¿Usted mira al chico? _____

5. Llegan para Semana Santa. _____

6. Bebe mucha agua fría. _____

7. Es interesante. _____

8. Veo el centro desde aquí. _____

9. Voy al aeropuerto. _____

10. Son caros. _____

Visit www.berlitzpublishing.com for a bonus internet activity—go to the downloads section and connect to the world in Spanish!

10

¿QUÉ TIEMPO HACE?
WHAT'S THE WEATHER LIKE?

El Sr. Martínez y David están hablando sobre sus planes para el fin de semana.
Mr. Martinez and David are talking about their plans for the weekend.

Sr. Martínez	**Bueno, David ¿va a pasar el fin de semana en el campo? Tiene familia allí, ¿verdad?** *So, David, are you going to spend the weekend in the country? You have relatives there, isn't that so?*
David	**No. Me quedo aquí en la ciudad. Me gusta mucho estar aquí.** *No. I'm staying here in the city. I like it a lot here.*
Sr. Martínez	**¡Pero...hombre! El campo es tan bonito en abril. Hace buen tiempo.** *But...come on! The countryside is so beautiful in April. The weather is good.*
David	**Por eso prefiero estar aquí. Mire el cielo azul. Mírelo! No hace calor, tampoco hace frío. Hace sol. No llueve. Hace un tiempo buenísimo.** *That's why I prefer to be here. Look at the blue sky. Look at it! It's not hot. It's not cold either. It's sunny. It's not raining. It's wonderful weather.*

Sr. Martínez	Tiene razón. No hace viento tampoco. Hay nubes pero no muchas. *You're right. It's not windy either. There are clouds but not many.*
David	¿Y usted no piensa quedarse? *And you aren't planning to stay here?*
Sr. Martínez	¡Qué va! Me voy a la sierra. Me gusta montar a caballo. Creo que las condiciones son ideales este fin de semana. *No way! I'm off to the mountains. I like horseback riding. I think conditions are ideal this weekend.*
David	¿En serio? *Really?*
Sr. Martínez	Va a hacer sol. Allí no nieva. Allí hizo buen tiempo el día que perdí el paraguas y el impermeable, el día que llovió tanto aquí. *It's going to be sunny. It does not snow there. The weather was good there the day that I lost my umbrella and raincoat, the day when it rained so much here.*
David	Sí. Me acuerdo. *Yes. I remember.*
Sr. Martínez	Va a hacer un tiempo magnífico, no como aquel día el año pasado cuando nos acompañaron nuestros amigos ingleses que no sabían montar a caballo. Y usted nos acompañó también ¿no? *It's going to be wonderful weather, not like that day last year when our English friends who did not know how to ride came with us. And you came with us too, didn't you?*
David	¡Claro! Fue en diciembre ¿verdad? Desapareció el sol. Llovió. Se levantó el viento. No me gustó en absoluto. *Of course. It was in December, right? The sun dissapeared. It rained. The wind rose. I did not like it at all.*
Sr. Martínez	Si hace frío, se pone otro suéter, y ya está. *If it's cold, you put on another sweater, and that's it.*
David	Si hace frío me quedo aquí. Si hace calor me quedo aquí. Si tengo vacaciones me voy...a la playa, tal vez...pero un fin de semana en la sierra no me apetece. *If it's cold I stay here. If it's hot I stay here. If I have vacation, I go away...to the beach maybe...but a weekend in the mountains does not appeal to me.*

Sr. Martínez	¡Basta! "De gustos y colores no hay nada escrito". Veo que no está convencido. ¡Hasta otro día! *Enough! There's no accounting for tastes. (Literally: Of tastes and and colors nothing is written.) I see you are not convinced. See you another day.*
David	Hasta otro día, señor Martínez. ¡Que lo pase bien! *See you another day, Mr. Martínez. Have a good time!*

GRAMÁTICA / GRAMMAR

1. LOS MESES Y LAS ESTACIONES / MONTHS AND SEASONS

¿Cuántos meses hay en un año?
How many months are there in a year?

Hay doce meses en un año.
There are twelve months in a year.

The months of the year in Spanish are:

enero	(eh-<u>neh</u>-ro)	*January*
febrero	(feh-<u>breh</u>-ro)	*February*
marzo	(<u>mahr</u>-tho)	*March*
abril	(ah-<u>breel</u>)	*April*
mayo	(<u>mah</u>-yo)	*May*
junio	(<u>khoo</u>-neeyo)	*June*
julio	(<u>khoo</u>-leeyo)	*July*
agosto	(ah-<u>gos</u>-to)	*August*
septiembre	(sehp-<u>teeyehm</u>-breh)	*September*
octubre	(ok-<u>too</u>-breh)	*October*
noviembre	(no-<u>beeyehm</u>-breh)	*November*
diciembre	(dee-<u>theeyehm</u>-breh)	*December*

¿Cuántas estaciones hay en Europa?
How many seasons are there in Europe?

En Europa, hay cuatro estaciones.
In Europe, there are four seasons.

The seasons are:

la primavera	(pree-mah-<u>beh</u>-rah)	*Spring*
el verano	(beh-<u>rah</u>-no)	*Summer*
el otoño	(o-<u>to</u>-nyo)	*Fall*
el invierno	(een-<u>beeyehr</u>-no)	*Winter*

No me gusta el invierno.
I don't like winter.

Preferimos la primavera.
We prefer spring.

¿Qué estación prefieren ustedes?
Which season do you prefer?

Note that like the days of the week, seasons and months of the year are not capitalized, unless they stand alone or are the first word in a sentence.

---

2. ¿QUÉ TIEMPO HACE? / WHAT'S THE WEATHER LIKE?

En invierno hace frío.
In winter it's cold.

En verano hace calor.
In summer it's hot.

En otoño no hace buen tiempo.
In the fall the weather is not good.

En primavera hace buen tiempo.
In spring the weather is good.

¿Hace frío en Montevideo en diciembre por lo general?
Is it usually cold in Montevideo in December?

¿Por lo general nieva mucho en invierno?
Does it usually snow a lot in winter?

---

3. INTERROGATIVOS Y PRONOMBRES RELATIVOS / QUESTION WORDS AND RELATIVE PRONOUNS

¿QUÉ? is a question word, as in ¿Qué tiempo hace?

Que (without a written accent) acts as a relative pronoun meaning, **which, that, who.**

La carta **que** veo es de Madrid.
The letter (that) I see is from Madrid.

Los chicos **que** cantan en el parque son estudiantes.
The boys (that) sing in the park are students.

Keep in mind that whereas in English we frequently omit "that," in Spanish you must include **que.** It is invariable.

Es verdad. Tiene familia en el campo.
Es verdad **que** tiene familia en el campo.
It's true that you have relatives (literally: family) in the country.

Dicen **que** va a hacer frío.
They say it's going to be cold.

Creo **que** hace sol en la sierra.
I think it's sunny in the mountains.

¿QUIÉN(ES)? – QUIEN(ES) / **WHO**?

¿QUIÉN(ES)? is a question word, which like "who" is used only for people.

¿**Quién** sabe esquiar?
Who knows how to ski?

¿**Quiénes** se quedaron en casa?
Who stayed home?

It also means "whom," and is used in preference to que after A and DE.

El profesor **de quien** hablo.
The teacher about whom I am talking.

¿CÓMO? – COMO / **LIKE, AS**

¿Cómo? is used for questions. Como means "like," "as."

¿**Cómo** estás? No es **como** aquel día.
How are you? It is not like that day.

---

4. EL PRETERITO / **THE PRETERITE**

Whereas the imperfect (see Lesson 9) is used for description, repeated and habitual actions in the past, the preterite is used to describe single, completed actions in the past. It is used as frequently as the imperfect, and they are often used together to contrast different periods of time in the past. Take a look at the different tenses in the examples below:

Hoy **hablo** español.
Today I speak Spanish.

Siempre **hablaba** inglés.
I always used to speak English.

Ayer **hablé** español.
Yesterday I spoke Spanish.

Hoy **estudiamos** la lección 10.
Today we study Lesson 10.

Antes no **estudiaba**.
Before I didn't used to study.

Ayer **estudié** la lección 9.
Yesterday I studied Lesson 9.

To form the preterite of a regular -ar verb, add the endings -é, -ó, -amos or -aron to the stem.

MIRAR	to look		
Yo **miré**	Usted/Él/Ella **miró**	Nosotros **miramos**	Ellos **miraron**
I looked	*You/He/She/It looked*	*We looked*	*They looked*

To form the preterite of a regular -ER or -IR verb, add the endings -í, -ió, -imos, -ieron, to the stem.

COMER	to eat		
Yo **comí**	Usted/Él/Ella **comió**	Nosotros **comimos**	Ellos **comieron**
I ate	*You/He/She/It ate*	*We ate*	*They ate*

VIVIR	to live		
Yo **viví**	Usted/Él/Ella **vivió**	Nosotros **vivimos**	Ellos **vivieron**
I lived	*You/He/She/It lived*	*We lived*	*They lived*

Note that the **nosotros**♂/**nosotras**♀ form of **-AR** and **-IR** verbs is identical to their respective present tense forms.

Trabajé en Roma.
I worked in Rome.

Acompañaron al Señor Martínez en diciembre.
They accompanied Mr. Martínez in December.

Vivieron en París.
They lived in Paris.

Conoció al rey ayer.
He met the king yesterday.

¿**Volvió** a esquiar?
Did he ski again?

No **perdí** el impermeable sino el paraguas.
I did not lose my raincoat, but my umbrella*.

*Spanish often uses "the" where English would use "my".

Nací en Lima en 1984.
I was born in Lima in 1984.

¿Dónde **nació** usted?
Where were you born?

Cenamos en el hotel anoche.
We ate at the hotel last night.

For verbs that end in **-gar, -car, -zar,** please note that the **yo** form of the **preterite** will show a spelling change. This is done in order to preserve the sound of the original form of the verb. Take a look at the examples below:

llegar (*to arrive*)	llegué (*I arrived*)
pagar (*to pay*)	pagué (*I paid*)

As you can see above, if the **u** was not added to the **yo** form in the preterite, the soft *g* sound of **llegar** would become the harsh sound similar to the English "*h.*" By adding **u** after the **g**, the soft sound of *g* is preserved. The **u**, however, is NOT pronounced (unless it has two little dots over it, like the German umlaut, to indicate the contrary: ü).

buscar (*to search*)	busqué (*I searched*)
comenzar (*to begin*)	comencé (*I began*)

The same change may be observed in the examples above. If the **c** of **buscar** was not changed to **qu**, the original sound "*k*" sound would be lost.

The preterite is used for completed actions, so it is often accompanied by words indicating sequence or series.

> primero: first
> luego: then
> entonces: then
> después: after, afterwards
> unos años más tarde: a few years later

Words indicating a new action may also accompany the preterite:

> de repente: suddenly
> inmediatamente: immediately

You will often find the imperfect and the preterite in the same sentence. The imperfect describes the ongoing situation; the preterite describes the completed action.

Llovía cuando **llegaron.**
It was raining when they arrived.

Hacía sol pero **se levantó** el viento.
It was sunny but the wind rose.

Había nubes y por eso **volví** a casa.
It was cloudy and that's why I returned home.

---

5. -ÍSIMO♂/-ÍSIMA♀ / SUPERLATIVE

Adding this ending to the stem of an adjective changes its meaning to "very _____." It is an easy way to add emphasis when you are describing something that is somewhat out of the ordinary.

bueno	buenísimo♂/buenísima♀
grande	grandísimo♂/grandísima♀

VOCABULARIO / VOCABULARY

> ¿Qué tiempo hace?: What's the weather like?
> Hace frío.: It's cold.
> Hace mucho frío.: It's very cold.
> Hace calor.: It's hot.
> Hace mucho calor.: It's very hot.
> Hace sol.: It's sunny.

Hace viento.: It's windy.
Hace buen tiempo.: The weather is good.
Hace mal tiempo.: The weather is bad.
llover (llueve): to rain (it rains)
nevar (nieva): to snow (it snows)
la nieve: snow
el viento: wind
el sol: sun
la luna: moon
el cielo: sky, heaven
la nube: cloud
la sierra: mountain range
el campo: country, countryside
el fin de semana: weekend
ayer: yesterday
anteayer: the day before yesterday
anoche: last night
como: like
además: besides
¿Verdad?: Right? Isn't it so?
¡Hombre!: Come on!
¿En serio?: Really?
tan + **adjective/adverb**: so + adjective/adverb
por eso: that's why
la condición: condition
la familia: family, relatives
la playa: beach
el rey: king
Europa: Europe
el paraguas: umbrella
el impermeable: raincoat
el gusto: taste
el color: color
acordarse (ue): to remember
quedarse: to stay, remain
tener razón: to be right
esquiar: to ski
montar a caballo: horseback riding
perder (ie): to lose
desaparecer: to disappear
No me apetece.: I don't feel like it.
¡Que lo pase bien!: Have a good time!
bonito♂/bonita♀: pretty, beautiful
azul: blue
buenísimo♂/buenísima♀: very good
ideal: ideal

ideal: ideal
magnífico♂/magnífica♀: magnificent

escrito♂/escrita♀: written
convencido♂/convencida♀: convinced

EJERCICIOS / **EXERCISES**

Answer the questions below using the information from this lesson's
dialogue.

Exercise A

1. ¿David quería ir al campo? _____

_____

2. ¿Qué tiempo hacía aquel día? _____

_____

3. ¿El señor Martínez también pensaba quedarse en la ciudad?
   ¿Qué quería hacer? _____

_____

4. ¿Cómo eran las condiciones aquel fin de semana?

_____

_____

5. ¿Qué perdió el señor Martínez? _____

_____

6. ¿Qué tiempo hacía cuando los ingleses acompañaron al
   señor Martínez? _____

_____

7. ¿Cuándo y con quién fue David a la sierra? _____

_____

8. ¿Por qué no va David a la sierra este fin de semana?

_____

Rewrite each sentence with the subject indicated in bold. Make sure
you make the necessary changes to the verb form.

Exercise B

Ex.:
Cenaron tarde. **yo**
Yo cené tarde.

1. Abrí la puerta. **ellos** _____
2. ¿Qué comió al mediodía? **nosotros** _____
3. Visité a Marta. **él** _____
4. ¿Se levantó a las ocho? **ustedes** _____
5. Volvió al hotel. **yo** _____
6. Perdimos el paraguas. **él** _____
7. Pagaron mil pesos. **yo** _____
8. Nos quedamos aquí. **ella** _____
9. Buscamos el bar. **yo** _____
10. Hablé mucho. **usted** _____

Exercise C

The underlined verbs below are in the present tense. Rewrite each sentence so that the verb is in the preterite tense.

1. Mercedes <u>compra</u> un bolso. _____
2. Los italianos <u>vuelven</u> tarde. _____
3. ¿<u>Viven</u> en la sierra? _____
4. No <u>salen</u> nunca. _____
5. <u>Desaparece</u> el sol. _____
6. <u>Llego</u> al restaurante. _____
7. <u>Miro</u> la agenda. _____
8. <u>Busco</u> el paraguas. _____
9. No me <u>acuerdo.</u> _____
10. ¿<u>Tomamos</u> vino o café? _____
11. <u>Comemos</u> bastante. _____
12. <u>Habla</u> poco. _____
13. <u>Viaja</u> en avión. _____
14. <u>Escriben</u> una carta. _____
15. <u>Preguntan</u> a todos. _____

Visit www.berlitzpublishing.com for a bonus internet activity—go to the downloads section and connect to the world in Spanish!

TRAJERON TODO LO NECESARIO
THEY BROUGHT ALL THEY NEEDED

Hoy Alberto y Anita van a comer en el campo con algunos
amigos. Acaban de comprar vino y comida.
*Today Alberto and Anita are going to have lunch at the countryside
with some friends. They just bought wine and some food.*

Anita	**Alberto, ¿habló ayer con su amiga Lola? ¿Va a venir?** *Alberto, did you talk with your friend Lola yesterday? Is she going to come?*
Alberto	**Sí, la llamé anoche. Dijo que va a llegar a las diez con dos amigos.** *Yes, I called her last night. She said she's going to arrive at 10:00 with two friends.*
Anita	**Vamos a ser* cinco. ¿Dijeron que van a traer algo?** *There are going to be five of us. Did they say they were going to bring something?*

Alberto	Lola no pudo ir al supermercado pero fue a una tienda pequeña donde compró galletas, vino, plátanos, naranjas y bizcocho. *Lola could not get to the supermarket but she went to a small store where she bought cookies and wine, bananas, oranges and sponge cake.*
Anita	Hizo muy bien. Lo cierto es que en el campo vamos a tener ganas de comer. *She did very well. We can be sure that we're going to be hungry out in the country.*
Alberto	¿Qué está preparando? *What are you preparing?*
Anita	Ahora mismo la ensalada. Anoche preparé el postre, saqué platos, tenedores, cuchillos, cucharas, servilletas y todo, incluso el sacacorchos. *Right now, the salad. Last night I prepared the dessert, I took out the plates, forks, knives, spoons, napkins and everything, even the corkscrew.*
Alberto	Sé cocinar muy bien, pero compré estos pollos asados. Fui a Udaco en Plaza Nueva. Abrieron temprano hoy. *I can cook really well, but I bought these roasted chickens. I went to Udaco in Plaza Nueva. They opened early today.*
Anita	A ver. ¿Por qué los pusieron en tantas bolsas de plástico? El plástico es el enemigo del medio ambiente. *Let's see. Why did they put them in so many plastic bags? Plastic is bad for (lit: the enemy of) the environment.*
Alberto	¡Vamos! Tanto hablar del medio ambiente, de contenedores de vidrio, de reciclaje, de gasolina sin plomo… *Come on! So much talk about the environment, glass collection points, recycling, lead-free gas…*
Anita	Antes la gente no sabía nada de eso. Luego las autoridades se dieron cuenta del peligro. Tuvimos que empezar a ahorrar energía, dijeron que era necesario. *Before, people knew nothing about this. Then the authorities became aware of the problem. We had to start saving energy. They said it was necessary.*
Alberto	Ya lo sé. ¿Está todo listo? *I know. Is everything ready?*
Anita	Todo menos el pan. *Everything but the bread.*

Alberto	Espere. Voy a la panadería de enfrente. *Wait. I'll go to the bakery across from here.*
Anita	¡Qué amable es! *How kind you are!*
Alberto	Ahora mismo vuelvo. A ver si... *I'll be right back. Let's see if...*
Anita	No hable tanto. Si llegan los otros, nos vamos en seguida. *Don't talk so much. If the others arrive, we'll be off at once.*

*Literally: "We are going to be five." Spanish says somos cinco, "we are five," when English says "there are four of us," etc.

GRAMÁTICA / GRAMMAR

1. PRETERITOS IRREGULARES / IRREGULAR PRETERITES

Now that you have learned the forms and uses of the regular preterite tense, it's time to learn some of the most common verbs which have an irregular preterite, that is, that doesn't conform to the general rule.

Note:

1. Unlike the preterite tense of regular verbs, these irregular preterites have no written accent.

2. Once you know the yo form, the rest of the verb fits the same pattern.

3. Ser and ir have the same forms in the preterite. This does not, however, cause problems. (Remember that fui a is "I went to," and that estuve en is "I was in.")

Yo también **fui** estudiante.
I also was a student.

Tuvo que pagar.
He had to pay.

Vine aquí en seguida.
I came here at once.

Pusimos el dinero allí.
We put the money there.

No **dijeron** nada.
They said nothing.

Fueron a Mérida.
They went to Mérida.

Estuvieron en el centro.
They were in the center.

No **pudo** hacerlo.
He could not do it.

¿**Hicieron** algo?
Did they do something?

121

2. LOS COLORES / **COLORS**

rojo♂/roja♀: red
blanco♂/blanca♀: white
negro♂/negra♀: black
amarillo♂/amarilla♀: yellow
azul: blue
verde: green
gris: gray
marrón: brown
naranja: orange
rosa: pink

Like other adjectives, these agree in number and gender with the noun they modify. Although as you can see in the list, some colors have the same form for both masculine and feminine, and therefore, only change number if necessary. Rosa and naranja do not change in plural form either.

Llevaba una falda amarilla y zapatos verdes.
She was wearing a yellow skirt and green shoes.

---

3. TÚ Y VOSOTROS / **INFORMAL USE OF "YOU" (SINGULAR AND PLURAL)**

If you plan to visit Spain, these are the two forms that you will use on a daily basis. Spaniards are quite informal and like to address everyone casually as long as the situation allows it. Tú is used for "you" singular and vosotros♂/vosotras♀ for "you" plural (the equivalent of the American "*you guys*"). In Latin America, you would still use ustedes for *you plural*, even informally.

Although in many places in Latin America people may frown at you if you address them familiarly without knowing them quite well, Spain is just the opposite. If you address someone formally in a non-business context and the person is not of advanced age, they may interpret your politeness as coldness or even worse, as a way of indicating that the other person is "old." Do not worry too much about this, since there is a simple way to always use the correct form: ask the other person!

To ask someone if you may address them informally, use the verb "tutear" (too-teh-ahr), which literally means, "to address as tú."

¿Puedo tutearle?   *May I address you informally?*

Study the following examples which show you the use of tú and vosotros♂/vosotras♀.

Tú y yo vamos a la fiesta.
You and I are going to the party.

¿**Vosotros** no queréis venir?
Don't you guys want to come?

Tengo algo para **vosotras.**
I have something for you (girls).

These persons of the verb also have their own pronouns and possessive adjective.

Me levanto	**Te levantas**	**Os levantáis**
I get up	*You get up*	*You get up*
Me invitan	**Te invitan**	**Os invitan**
They invite me	*They invite you*	*They invite you*
¿Es mi amigo?	**¿Es tu amigo?**	**¿Es vuestro**
Is he my friend?	*Is he your friend?*	**amigo?**
		Is he your friend?

4. PRONOMBRES DE OBJETO INDIRECTO / INDIRECT OBJECT PRONOUNS

Juan **me** da las llaves.	(a mí)
Juan **le** da las llaves.	(a él/ella/usted)
Juan **nos** da las llaves.	(a nosotros/nosotras)
Juan **les** da las llaves.	(a ellos/ellas/ustedes)

Just like you did with the direct object pronouns, the indirect object pronouns are placed before the verb except when they are attached to the end of an infinitive (**voy a darle la dirección**) or to the end of the gerund form of the verb (**está explicándole el problema**).

As **le** and **les** can have more than one meaning, a **él, a ella, a usted, a ellos, a ellas, a ustedes** may be added after the verb if necessary to show which person is being referred to.

When two object pronouns are used together, the indirect object always precedes the direct object.

Me lo da.
He gives it to me. (literally: to me it he gives)

Nos los mandan.
They send them to us. (literally: to us them they send)

If both pronouns are third person (him, her, you, them), the indirect **le** or **les** becomes **se** to avoid redundancy when speaking.

Se lo da a él.
He gives it to him.

Se lo muestran a ella.
They show it to her.

When two pronouns are added to the infinitive, an accent is needed on the stressed vowel.

No quiero mand**á**rsela a ustedes.
I don't want to send it to you.

---

5. EL/LOS QUE, LA/LAS QUE, EL CUAL/LOS CUALES, LA CUAL/LAS CUALES / THE ONE(S) WHO/WHICH

These are used for things after a preposition, or for both people and things when **que** or **quien** lead to confusion or ambiguity. Their use is more frequent in written or very formal speech. Study the following examples.

El hotel delante **del cual** hay una fuente.
The hotel in front of which there is a fountain.

La amiga de Anita, **la cual** es de Mérida.
Anita's friend who is from Mérida.

LO QUE is used to convey a general or vague meaning, or to sum up the whole of the preceding clause.

Esto es todo **lo que** tengo.
This is all I have.

Quisiera saber **lo que** compró usted.
I would like to know what you bought.

Esto es **lo que** no me gusta.
This is what I don't like.

---

6. EL ACENTO ESCRITO / THE WRITTEN ACCENT

Although written accents are normally used to indicate a departure from the normal stress pattern (e.g. tambi**é**n, comi**ó**, Mart**í**nez), they have two other uses, the first of which has already been mentioned.

1. On words used in direct questions and indirect questions.

¿Adónde vas?   *Where are you going?*

Preguntó adónde ibas.   *He asked where you were going.*

Compare the above use with this sentence where no accent is needed:

La casa **donde** vive no es vieja.
The house where he lives is not old.

2. To differentiate words which are identical in every way, except for their meaning and function in the sentence.

si - if	sí - yes
el - the	él - he/it
mi - my	mí - me (as in para mí)
se - himself, herself	sé - I know
mas - but	más - more
solo♂/sola♀ - alone	sólo - only
tu - your	tú - you

VOCABULARIO / **VOCABULARY**

traer: to bring
tener ganas (de)...: to feel like...
sacar: to take out
preparar: to prepare
cocinar: to cook
mostrar: to show
el supermercado: supermarket
la galleta: cookie, biscuit
el plátano: banana
la naranja: orange (fruit)
el bizcocho: sponge cake
la ensalada: salad
el postre: dessert
el tenedor: fork
el cuchillo: knife
la cuchara: spoon
la servilleta: napkin
el sacacorchos: corkscrew

el pollo: chicken
el enemigo: enemy
el plástico: plastic
el medio ambiente: environment
la gasolina: gas (petrol)
el plomo: lead
el reciclaje: recycling
el vidrio: glass (substance)
el contenedor: receptacle
la autoridad: authority
el peligro: danger
la fuente: fountain
ahorrar: to save
la energía: energy
el pan: bread
la panadería: bakery
enfrente (de): opposite (of), facing
delante (de): in front (of)
detrás (de): behind
sin: without
temprano: early
tanto♂/tanta♀: so much, so many
adecuado♂/adecuada♀: adequate
cierto♂/cierta♀: sure, certain
asado♂/asada♀: roast
amable: kind
difícil: difficult
fácil: easy
rojo♂/roja♀: red
blanco♂/blanca♀: white
amarillo♂/amarilla♀: yellow
negro♂/negra♀: black
verde: green
gris: gray
marrón: brown
rosa: pink
naranja: orange
tú: you (sing., inf.)
vosotros♂/vosotras♀: you (pl., inf.)
tu: your (sing., inf.)
vuestro♂/vuestra♀: your (pl., inf.)
te: you (object pronoun sing., inf.), yourself (reflexive pronoun sing., inf.)
os: you (object pronoun pl., inf.), yourself (reflexive pronoun pl., inf.)

EJERCICIOS / **EXERCISES**

Answer the questions below using the information from this lesson's dialogue.

1. ¿Dónde van a comer Anita y Alberto y con quiénes?

   _____

   _____

2. ¿Quién habló con Lola ayer? _____

   _____

3. ¿Cuándo la llamó por teléfono? _____

   _____

4. ¿Cuántos van a ser? _____

   _____

5. ¿Dijo Lola que iban a traer algo? ¿Qué? _____

   _____

6. ¿Dónde compró Lola todo eso? _____

   _____

7. ¿Qué hizo Anita anoche? _____

   _____

8. ¿Alberto dijo que sabía cocinar? _____

   _____

9. ¿Cuál es la opinión de Anita sobre las bolsas de plástico?

   _____

   _____

10. ¿Adónde va Alberto para comprar pan?

   _____

   _____

Exercise B

Rewrite each sentence below with the new subject indicated in bold. Make sure all words in the sentence match the new subject.

Ex.:
¿Qué hizo usted en Plaza Nueva? **ellos**
¿Qué **hicieron ellos** en Plaza Nueva?

1. Le di mil pesos. **él** _____
2. Fué él quien me invitó. **ellos** _____
3. Tuvo que salir. **yo** _____
4. No pude decir nada. **ella** _____
5. Pagaron demasiado. **yo** _____
6. No hicimos nada. **él** _____
7. Buscó el dinero. **yo** _____
8. ¿Se dió cuenta? **ellos** _____
9. Fui a visitarla. **nosotros** _____
10. No vine. **usted** _____
11. Estuvieron allí. **ella** _____
12. Supieron todo. **yo** _____

Exercise C

Read each sentence below and fill the blank with the best option in each case.

Ex.:
Quiero ver _____ hotel. (él, el)
Quiero ver **el** hotel.

1. ¿_____ está Correos? (Dónde, Donde)
2. No _____ hablar francés. (sé, se)
3. Me gusta el _____. (té, te)
4. Voy _____ me invitan. (sí, si)
5. _____ casa está aquí. (mí, mi)
6. Esta unidad es _____ difícil. (más, mas)

Visit www.berlitzpublishing.com for a bonus internet activity—go to the downloads section and connect to the world in Spanish!

REVIEW: LESSONS 7-11

LEA Y ESCUCHE LOS DIÁLOGOS DE LAS LECCIÓNES 7-11 PARA PRACTICAR LA PRONUNCIACIÓN Y EL VOCABULARIO APRENDIDO.

Dialogue 7

Son las diez de la mañana del domingo y Anita y Alberto están sentados en la terraza de un café. Van a desayunar. El camarero está cerca de su mesa.

Camarero   **Buenos días. ¿Qué quieren tomar?**

Alberto   **Buenos días. Para mí, café con leche, unas tostadas y un bollo por favor, con mermelada y mantequilla.**

Camarero   **¿Y para usted, señorita?**

Anita   **Para mí, té con limón. Me gusta el té. Y una magdalena también.**

Alberto   **¿Qué piensa hacer hoy, Anita?**

Anita	Nada especial. Voy a pasear. Me gusta pasear.
Alberto	¿Algo más?
Anita	También me encantan los monumentos históricos. Estoy pensando ir a la catedral o a algún museo, o al río. No quiero dormir la siesta. Me interesan mucho las ciudades antiguas como Sevilla.
Alberto	¿Una siesta? Yo tampoco.
Anita	¿Qué va a hacer entonces, ir a tomar vino y tapas?
Alberto	No lo sé. ¿Por qué no vamos al cine? Hay una película nueva. ¿Vamos...? ¿De acuerdo?
Anita	Está bien. Pero quiero ver la ciudad también. ¿A qué hora quiere ir al cine?
Alberto	La sesión de tarde, a las siete, está bien pero si prefiere la sesión de noche, a las diez, entonces vamos a las diez.
Anita	Y mientras tanto podemos visitar algunos museos e ir de paseo.
	(Media hora después)
Alberto	¡Camarero! La cuenta por favor.
Camarero	Sí, señor. ¿Algo más?
Alberto	Nada más, gracias. ¿Cuánto le debo?
Camarero	Son siete euros con veinte.
Alberto	Aquí tiene.

Dialogue 8

El señor Martínez está en la ciudad de Santiago. Va a la pensión Altamira, donde tiene una reserva para la noche. Ahora está hablando con la recepcionista de la pensión.

Recepcionista	Hola, buenas tardes. ¿Qué desea?
Sr. Martínez	Buenas tardes. Tengo una reserva para esta noche.
Recepcionista	¿Su nombre por favor?
Sr. Martínez	Soy Pablo Martínez.
Recepcionista	Bueno... Aquí está, una reserva para una persona.
Sr. Martínez	Pues sí. Para una noche. Me voy mañana por la mañana.

Recepcionista	¿Quiere rellenar esta ficha? ¿Tiene equipaje? Puede darle sus maletas al botones.
Sr. Martínez	¿Tiene bolígrafo por favor? ¿Equipaje? No llevo nada, sólo esta maleta pequeña.
Recepcionista	(Pausa) **Aquí tiene la ficha y el bolígrafo.**
Sr. Martínez	**Gracias.**
Recepcionista	**¿Habitación individual?**
Sr. Martínez	**No. Doble por favor y con vista al mar.**
Recepcionista	**Aquí tiene una habitación tranquila con baño completo.**
Sr. Martínez	**¿En qué piso está?**
Recepcionista	**En el tercer piso. Puede tomar el ascensor.**
Señor Martínez	**¿Hay teléfono en la habitación?**
Recepcionista	**¡Claro que sí! Aquí tiene la llave. No…un momentito. Es la veintiséis y usted quiere la treinta y seis.**
Sr. Martínez	**¿Y el comedor? ¿Hasta qué hora sirven la cena y el desayuno?**
Recepcionista	**Está por allí en la planta baja… La cena la sirven hasta las once y el desayuno de ocho a once.**
Sr. Martínez	**Gracias, señorita.**
Recepcionista	**No hay de qué. Hasta luego señor Martínez.**

Dialogue 9

Durante un viaje en otro país, David tiene que enviar algunas cosas desde Correos. Escuche su conversación con la empleada de la oficina de Correos.

David	**Quisiera comprar un sello para una tarjeta postal.**
Empleada	**¿Para dónde?**
David	**Para el Reino Unido.**
Empleada	**Son doscientos diez pesos. ¿Algo más?**
David	**También quería mandar dos cartas, una para Estados Unidos y otra para este país.**
Empleada	**Hace falta pesar las dos.**
David	**Pensaba que hay una sola tarifa dentro del país.**
Empleada	**No, no es así.**

La empleada toma las cartas, las pesa y le da a David los sellos.

Empleada	Aquí tiene. Este es para este país, ése es para Estados Unidos.
David	También me gustaría mandar este paquete a Nueva York. No sabía si hacía falta mandarlo por avión. ¿Va a tardar mucho tiempo en llegar? ¿Qué piensa?
Empleada	Según. A veces sí, a veces no. Tal vez una semana, más o menos.
David	Tiene que llegar antes de Semana Santa, por lo tanto lo voy a mandar por avión.
Empleada	Con las fiestas tarda más, claro. (Pausa) Va a ser un poquito caro. Lo siento.
David	Sabía que iba a costar bastante.
Empleada	Son mil quinientos pesos en total.
David	Espere… Aquí tiene dos mil. No tengo suelto.
Empleada	¡Vale! Dos mil… Y aquí quinientos. Y tiene que rellenar una ficha.
David	De acuerdo. No lo sabía. (Pausa) ¿Qué hace falta escribir aquí? ¿Valor del contenido? ¿Dirección? No vivo aquí.
Empleada	Tiene que poner algo. ¿El nombre de su hotel?
David	Gracias, señorita.
Empleada	A usted, adiós.

Dialogue 10

El Sr. Martínez y David están hablando sobre sus planes para el fin de semana.

Sr. Martínez	Bueno, David ¿va a pasar el fin de semana en el campo? Tiene familia allí, ¿verdad?
David	No. Me quedo aquí en la ciudad. Me gusta mucho estar aquí.
Sr. Martínez	¡Pero…hombre! El campo es tan bonito en abril. Hace buen tiempo.
David	Por eso prefiero estar aquí. Mire el cielo azul. Mírelo. No hace calor, tampoco hace frío. Hace sol. No llueve. Hace un tiempo buenísimo.

Sr. Martínez	Tiene razón. No hace viento tampoco. Hay nubes pero no muchas.
David	¿Y usted no piensa quedarse?
Sr. Martínez	¡Qué va! Me voy a la sierra. Me gusta montar a caballo. Creo que las condiciones son ideales este fin de semana.
David	¿En serio?
Sr. Martínez	Va a hacer sol. Allí no nieva. Allí hizo buen tiempo el día que perdí el paraguas y el impermeable, el día que llovió tanto aquí.
David	Sí. Me acuerdo.
Sr. Martínez	Va a hacer un tiempo magnífico, no como aquel día el año pasado cuando nos acompañaron nuestros amigos ingleses que no sabían montar a caballo. Y usted nos acompañó también ¿no?
David	¡Claro! Fue en diciembre ¿verdad? Desapareció el sol. Llovió. Se levantó el viento. No me gustó en absoluto.
Sr. Martínez	Si hace frío, se pone otro suéter, y ya está.
David	Si hace frío me quedo aquí. Si hace calor me quedo aquí. Si tengo vacaciones me voy…a la playa, tal vez…pero un fin de semana en la sierra no me apetece.
Sr. Martínez	¡Basta! "De gustos y colores no hay nada escrito". Veo que no está convencido. ¡Hasta otro día!
David	Hasta otro día, señor Martínez. ¡Que lo pase bien!

Dialogue 11

Hoy Alberto y Anita van a comer en el campo con algunos amigos. Acaban de comprar vino y comida.

Anita	Alberto, ¿habló ayer con su amiga Lola? ¿Va a venir?
Alberto	Sí, la llamé anoche. Dijo que va a llegar a las diez con dos amigos.
Anita	Vamos a ser cinco. ¿Dijeron que van a traer algo?
Alberto	Lola no pudo ir al supermercado pero fue a una tienda pequeña donde compró galletas, vino, plátanos, naranjas y bizcocho.

Anita	Hizo muy bien. Lo cierto es que en el campo vamos a tener ganas de comer.
Alberto	¿Qué está preparando?
Anita	Ahora mismo la ensalada. Anoche preparé el postre, saqué platos, tenedores, cuchillos, cucharas, servilletas y todo, incluso el sacacorchos.
Alberto	Sé cocinar muy bien, pero compré estos pollos asados. Fui a Udaco en Plaza Nueva. Abrieron temprano hoy.
Anita	A ver. ¿Por qué los pusieron en tantas bolsas de plástico? El plástico es el enemigo del medio ambiente.
Alberto	¡Vamos! Tanto hablar del medio ambiente, de contenedores de vidrio, de reciclaje, de gasolina sin plomo...
Anita	Antes la gente no sabía nada de eso. Luego las autoridades se dieron cuenta del peligro. Tuvimos que empezar a ahorrar energía, dijeron que era necesario
Alberto	Ya lo sé. ¿Está todo listo?
Anita	Todo menos el pan.
Alberto	Espere. Voy a la panadería de enfrente.
Anita	¡Qué amable es!
Alberto	Ahora mismo vuelvo. A ver si...
Anita	No hable tanto. Si llegan los otros, nos vamos en seguida.

EJERCICIOS / EXERCISES

Exercise A

Select the appropriate definite article to complete each item below: el, la, los, las.

Ex.:
el té
la plaza
los hombres
las pastas

1. _____ unidad

2. _____ pollo

3. _____ plomo		22. _____ fin de semana	
4. _____ sierra		23. _____ mano	
5. _____ sacacorchos		24. _____ personas	
6. _____ sello		25. _____ zapatos	
7. _____ día		26. _____ ascensor	
8. _____ tarde		27. _____ comedor	
9. _____ noche		28. _____ preguntas	
10. _____ llaves		29. _____ voz	
11. _____ paraguas		30. _____ periódicos	
12. _____ mes		31. _____ secretarias	
13. _____ naranjas		32. _____ mujer	
14. _____ postre		33. _____ ordenadores	
15. _____ fotos		34. _____ televisor	
16. _____ ensalada		35. _____ almuerzo	
17. _____ tenedores		36. _____ fichas	
18. _____ energía		37. _____ bolígrafos	
19. _____ medio ambiente		38. _____ pueblos	
20. _____ fuente		39. _____ dinero	
21. _____ agua		40. _____ tostadas	

The sentences below are in various tenses. Can you rewrite them in the present tense?

Exercise B

Ex.:
Llegué al mediodía.
Llego al mediodía.

1. Sacaron muchas fotos. _____

2. Hablé con la secretaria. _____

3. Desayunamos allí. _____

4. Pagué demasiado. _____

5. Salieron a las cinco. _____

6. Bebí leche. _____

7. Escuchó la radio. _____

8. <u>Miramos</u> el programa. _____

9. <u>Compraron</u> pan. _____

10. No <u>hicieron</u> nada. _____

11. <u>Dijo</u> algo. _____

12. <u>Pusieron</u> otra película. _____

13. ¿<u>Pudo</u> venir? _____

14. <u>Dimos</u> mucho. _____

15. <u>Dijimos</u> la verdad. _____

16. <u>Supe</u> todo. _____

17. <u>Conoció</u> a Marta. _____

18. <u>Busqué</u> el hotel. _____

19. <u>Mandé</u> la carta. _____

20. <u>Fuimos</u> allí. _____

21. <u>Estuvo</u> en Londres. _____

22. <u>Fue</u> profesor. _____

23. <u>Llamó</u> por teléfono. _____

24. <u>Contesté</u> siempre. _____

25. <u>Empezó</u> tarde. _____

Exercise C

Answer each question with an appropriate form of **ir** + infinitive.

Ex.:
¿Estudió mucho?
No, **va a estudiar** mucho.

1. ¿Compraron pan? _____

2. ¿Eduardo volvió? _____

3. ¿Llegaron las cartas? _____

4. ¿Fueron ustedes a Argentina? _____

5. ¿Pagó usted? _____

6. ¿Los estudiantes hicieron algo? _____

7. ¿Comieron ellos allí? _____

8. ¿Ustedes tomaron un taxi? _____

Select the best option (imperfect or preterite) to fill in each blank below.

Ex.:
Siempre _____ a la playa. (fuimos/íbamos)
Siempre **íbamos** a la playa.

1. _____ en el restaurante todos los días. (comimos/comíamos)

2. _____ a las ocho aquel día. (llegué/llegaba)

3. Pablo _____ "Adiós" en seguida. (dijo/decía)

4. Luego _____ a Correos. (fue/iba)

5. Al ver a su amigo _____ inmediatamente para la sierra. (salió/salía)

13

¿DÓNDE ESTÁ, POR FAVOR?
WHERE IS IT, PLEASE?

Un turista está paseando por las calles de Santiago y le pregunta a un policía cómo llegar a varios sitios.
A tourist is taking a stroll along the streets of Santiago and asks a policeman how to go to different places.

Turista   **Perdone, señor...Quisiera ir al museo. ¿Dónde está, por favor?**
Excuse me, sir. I'd like to go to the museum. Where is it, please?

Policía   **¿El museo?**
The museum?

Turista   **Lo he buscado por todas partes pero no lo he encontrado.**
I've looked for it everywhere, but I have not found it.

Policía   **Pues sí, ahora me acuerdo. ¿Usted ha subido por allí verdad? Bueno, ha pasado muy cerca. Está más cerca que el Hotel Carmona.**
Well yes, I remember now. You've come up through there, right? Well you've passed very close. It's closer than the Hotel Carmona.

Turista   **No puede ser...**
It can't be....

Policía   **Tiene que bajar esta calle hasta la fuente y doblar a la derecha. Después del semáforo va a pasar delante del hospital y tomar la primera a la izquierda. Usted sigue todo recto y allí al fondo está, enfrente, a unos 50 metros. Está muy cerquita*.**

You have to go down this street as far as the fountain and turn to the right. After the traffic light you are going to pass in front of the hospital, and take the first left. Continue straight ahead and there it is 50 meters from you, right in front. It's really close.

Turista Pero he pasado por allí, sin verlo.
But I have gone past there, without seeing it.

Policía Eso dicen muchos. Está a cinco minutos a pie.
A lot of people say that. It's five minutes on foot.

Turista ¿Y para ir después al Jardín Botánico?
And to get to the Botanic Gardens afterward?

Policía Eso es más complicado.
That is more complicated.

Turista ¿Tengo que ir en taxi?
Do I have to take a cab?

Policía No. Puede ir a pie. No es que esté tan lejos, sino que es menos fácil de encontrar.
No. You can go on foot. It's not that it's a long way away, but it's not so easy to find it.

Turista Jamás he visitado el Jardín Botánico y tengo muchas ganas de ir.
I've never visited the Botanic Gardens and I'm very eager to go.

Policía Vamos a ver. Al salir del museo debe tomar la tercera a la derecha hacia el centro, seguir hacia abajo hasta el cruce, cruzar y luego tomar la segunda a la derecha entre el cine y el bar, y después de pasar el puente va a ver un parque detrás del colegio. Este es el Jardín Botánico.
Let's see. On leaving the museum, you must take the third right toward the center, and keep going down to the intersection. Then you must cross over and take the second right between the movie theater and the bar, and after crossing the bridge you'll see a park behind the school. That is the Botanic Gardens.

Turista ¡Perfecto! Pero todavía no he sacado las entradas.
Great! But I have not bought the tickets yet.

Policía Eso se puede hacer allí mismo. Lo único es que hay que hacer cola.
That can be done right there. The only thing is that you have to stand in line.

Turista	**Muchas gracias señor. Adiós.**
	Thank you very much, sir. Goodbye.
Policía	**Adiós. De nada.**
	Goodbye. You're welcome.

*The diminutive endings -ito♂/-ita♀, and -illo♂/-illa♀ do not necessarily refer to size, but may indicate an attitude on the part of the speaker, showing affection in the case of the above diminutive endings.

GRAMÁTICA / GRAMMAR

1. EL PRESENTE PERFECTO / THE PRESENT PERFECT

The present perfect tense is formed with the present of the verb haber, and the past participle of the verb. The past participle of -AR verbs is formed by adding -ADO to the stem, (e.g. hablar, hablado) and for -ER, and -IR verbs it is formed by adding -IDO to the stem (e.g. comer, comido; venir, venido).

The present perfect is used in much the same way as in English. If a date or time in the past is mentioned, the simple past is used instead.

¿Ha visitado la ciudad antigua?
Have you visited the old city?

La he visitado.
I have visited it.

La visité en 2007/esta mañana/ayer.
I visited it in 2007/this morning/yesterday.

The past participle and auxiliary verb are never separated. The negative no is placed before the whole verb and the me/se of reflexive forms precede the auxiliary.

HABLAR	*to speak*		
Yo **he** hablado	Usted/Él/Ella **ha** hablado	Nosotros **hemos** hablado	Ellos **han** hablado
I have spoken	*You/He/She/It has spoken*	*We have spoken*	*They have spoken*

COMER	to eat		
Yo **he** comido	Usted/Él/Ella **ha** comido	Nosotros **hemos** comido	Ellos **han** comido
I have eaten	*You/He/She/It has eaten*	*We have eaten*	*They have eaten*

VIVIR	to live		
Yo **he** vivido	Usted/Él/Ella **ha** vivido	Nosotros **hemos** vivido	Ellos **han** vivido
I have lived	*You/He/She/It has lived*	*We have lived*	*They have lived*

Yo he comido pollo.
I've eaten chicken.

Él no ha comido nada.
He has not eaten anything.

No se ha levantado.
He has not gotten up.

No han llegado.
They have not arrived.

¿Ustedes han cruzado la calle allí?
Have you crossed the street there?

No hemos encontrado el hospital.
We haven't found the hospital.

No ha sido posible visitar la ciudad antigua.
It has not been possible to visit the old city.

---

2. PARTICIPIOS PASADOS IRREGULARES / IRREGULAR PAST PARTICIPLES

Some past participles differ from the regular pattern of:

-AR -ado	-ER -ido	-IR -ido

The irregular past participles may often resemble a noun formed from the same root: e.g. VER-visto as in la vista (*sight*). Study the following common irregular past participles.

hecho	hacer	*to make, to do*
dicho	decir	*to say*
vuelto	volver	*to return*
visto	ver	*to see*
puesto	poner	*to put, to place*
cubierto	cubrir	*to cover*
descubierto	descubrir	*to discover*
abierto	abrir	*to open*
escrito	escribir	*to write*
muerto	morir	*to die*
roto	romper	*to break*
frito	freír	*to fry*

¿Ha visto usted el Jardín Botánico?
Have you seen the Botanic Gardens?

No hemos visto la fuente ni el museo.
We haven't seen the fountain nor the museum.

He escrito las postales pero no he puesto la dirección.
I've written the postcards but I haven't put in the address.

Elena no ha vuelto.
Helen has not returned.

---

3. PREPOSICIONES II / **PREPOSITIONS II**

In this lesson you have encountered new prepositions. Remember that they are only followed by **de** if you are relating the position of one object to that of another.

Está lejos.
It's far away.

Está lejos del hospital.
It's far away from the hospital.

Correos está enfrente.
The Post Office is right in front.

Correos está enfrente de la fuente.
The Post Office is opposite the fountain.

4. LOS PUNTOS CARDINALES / **POINTS OF THE COMPASS**

The main points of the compass are:

el Norte	*North*
el Sur	*South*
el Este	*East*
el Oeste	*West*

Between these are:

el Nordeste	*Northeast*
el Noroeste	*Northwest*
el Sudeste	*Southeast*
el Suroeste	*Southwest*

5. LA COMPARACIÓN / **COMPARISONS**

The comparative is formed by placing más...que (*more...than*) or menos...que (*less...than*) around the adjective. Study the following examples.

El ayuntamiento es más antiguo que el castillo.
The town hall is older than the castle.

Esta ciudad es menos interesante que la otra.
This city is less interesting than the other one.

El parque es más grande que la plaza.
The park is bigger than the square.

El hotel nuevo es menos feo que el cine.
The new hotel is less ugly than the movie theater.

The superlative is formed in the same manner, using the appropriate article.

Comparative: Esta calle es más ancha.
This street is wider.

Superlative: Esta calle es la más ancha.
This is the widest street.

Note that "in" after a superlative is translated as de.

Esta calle es la más estrecha de la ciudad.
This street is the narrowest in the city.

Ha sido el día más interesante de mi vida.
It has been the most interesting day in my life.

Es el edificio más moderno de la región.
It is the most modern building in the region.

---

6. COMPARATIVOS Y SUPERLATIVOS IRREGULARES / IRREGULAR COMPARATIVES AND SUPERLATIVES

bueno♂/buena♀	mejor	el/la mejor	good, better, the best
malo♂/mala♀	peor	el/la peor	bad, worse, the worst
grande	mayor	el/la mayor	big, bigger, the biggest
pequeño	menor	el/la menor	small, smaller, the smallest

Note: Mayor and menor are not always used. Más grande and más pequeño are commonly used for things and shoe sizes, and mayor and menor have the meaning of *older* and *younger*.

mi hermano menor - *my younger brother*

su hermana mayor - *his/her older sister*

Mayo es el mejor mes del año. - *May is the best month of the year.*

Es la peor tienda de la ciudad. - *It's the worst store in the city.*

Son los mejores coches del mundo. - *They are the best cars in the world.*

Son las peores sillas del hotel. *They are the worst chairs in the hotel.*

VOCABULARIO / VOCABULARY

un policía♂/una policía♀: a policeman/a policewoman
la policía: the police
el turista♂/la turista♀: tourist
perdone: excuse me
quisiera: I would like
por todas partes: everywhere
subir: to go up, come up, take up
bajar: to go down, take down
encontrar: to find
doblar: to turn
hacer cola: to stand in line
cruzar: to cross over
ir a pie: to go on foot
el puente: bridge
el semáforo: stoplight
el hospital: hospital
el colegio: school
el cruce: intersection, crossroads
el Jardín Botánico: Botanic Gardens
(a) la izquierda (de): (to) the left (of)
(a) la derecha (de): (to) the right (of)
detrás (de): in back (of), behind
todo recto: straight ahead
enfrente (de): right in front, opposite (of)
después: afterward
a x metros: x meters away
lejos (de): far away (from)
al fondo (de): at the end (of)
cerquita: cerca + diminutive: very close
abajo: down
arriba: up
entre: between, among
perfecto♂/perfecta♀: perfect; great
único♂/única♀: sole, only
ancho♂/ancha♀: wide
complicado♂/complicada♀: complicated
la entrada: entrance; ticket for show
sacar las entradas: to buy the tickets
la tienda: store
el ayuntamiento: Town Hall
el castillo: castle
la plaza: square
el edificio: building

el **Norte:** North
el **Sur:** South
el **Este:** East
el **Oeste:** West
el **Nordeste:** Northeast
el **Noroeste:** Northwest
el **Sudeste:** Southeast
el **Suroeste:** Southwest
el **tiempo perfecto:** perfect tense
la **comparación:** comparison
no...todavía: not...yet
allí mismo: right there
hacia: toward
el **hermano:** brother
la **hermana:** sister

EJERCICIOS / **EXERCISES**

Answer the questions below using the information from this lesson's dialogue.

1. ¿Qué quería saber el turista? _____

   _____

2. ¿El policía sabe dónde está? _____

   _____

3. Para llegar al museo, ¿qué tiene que hacer después de llegar a la fuente? _____

   _____

4. ¿Tiene que ir en taxi al Jardín Botánico? _____

   _____

5. ¿Dónde está el parque? _____

   _____

6. ¿Ya tiene las entradas el turista? _____

   _____

Complete each sentence below with the appropriate form of the verb in parentheses in the present perfect tense.

Ex.:
Hoy Marta **ha tenido** mucho trabajo. (tener)
Siempre **hemos querido** ir allí. (querer)

1. ¿No _____ usted en avión? (viajar)

2. Ellos _____ varias cartas. (recibir)

3. Mi hermano no _____ nada. (pagar)

4. Nosotros no _____ a Lima. (volver)

5. Yo _____ todo. (descubrir)

6. Su amiga no _____venir. (poder)

7. ¿Por qué _____ las ventanas ustedes? (abrir)

8. El _____ muchas tonterías. (decir)

9. Los turistas _____ mucho por el país. (hacer)

10. ¿No _____ tú nada? (ver)

11. ¡Qué horror! Me _____ la pierna. (romper)

12. ¿No _____ ellos el coche en el garaje? (poner)

13. Tú y yo _____ muchas cosas hoy. (hacer)

14. ¿Ya _____ ellos a recoger a los niños? (volver)

Complete the sentences with the indicated preposition in Spanish.

Ex.:
El bar está **detrás del** comedor. (in back of)

1. El hotel está _____ del teatro. (opposite)

2. La plaza está _____ del hospital. (near)

3. _____ el bar y el semáforo hay un teléfono. (between)

4. Todo recto y Correos está _____. (on the right)

5. No _____ de la plaza hay un colegio. (far)

6. _____ del parque hay una parada de autobús. (in front of)

7. El hotel está _____. (ten minutes away on foot)

8. La ciudad antigua está _____. (2 km from here)

9. _____ del cine hay una calle estrecha. **(behind)**

10. _____ del cruce, debe tomar la primera a la izquierda. **(after)**

Translate these sentences into Spanish, paying attention to the correct use of the comparative and superlative adjectives.

1. The castle is older than the Town Hall. _____
   _____

2. It's the most interesting city in the whole region.
   _____
   _____

3. The hospital is the biggest building in the city.
   _____
   _____

4. He's my older brother. _____
   _____

5. They are the best cars in the world. _____
   _____

Visit www.berlitzpublishing.com for a bonus internet activity—go to the downloads section and connect to the world in Spanish!

¿CÓMO ESTÁ LA FAMILIA?
HOW'S THE FAMILY?

Esta tarde David y Anita han ido a casa del señor Martínez. Ahora los tres están sentados en la sala de estar. El señor Martínez está sirviendo café.
This afternoon, David and Anita have gone to Mr. Martinez's house. Now, the three of them are sitting down in the living room. Mr. Martinez is serving coffee.

Señor Martínez	**¿Más café, Anita?** *More coffee, Anita?*
Anita	**Pues sí, gracias, solo y sin azúcar.** *Well, yes, thanks, black and without sugar.*
Señor Martínez	**¿Y usted, David? ¿Le sirvo otro poco?** *And you, David? Shall I serve you a little more?*
David	**Para mí no, gracias. No me gusta tanto el café. Prefiero el vino.** *Not for me, thanks. I don't like coffee that much. I prefer wine.*

Señor Martínez	Usted es como mi mujer. No le gusta el café...ni el té. Desgraciadamente el vino no es muy bueno para la salud. *You are like my wife. She does not like coffee... nor tea. Unfortunately wine is not very good for one's health.*
David	El café y el té contienen cafeína. El vino no la tiene. *Coffee and tea contain caffeine. Wine does not have any.*
Señor Martínez	Basta de tonterías. Anita, ha estado en España. ¿Qué tal mi familia? *That's enough nonsense. Anita, you've been in Spain. How is my family?*
Anita	Bueno, pasé prácticamente todo el tiempo en Sevilla, donde conocí a su primo Alberto, cuyos amigos también eran muy simpáticos. *Well, I spent practically the whole time in Seville, where I met your cousin Alberto, whose friends were also very friendly.*
Señor Martínez	¿Antes de irse no había dicho que iba a visitar Madrid? *Before leaving, didn't you say you were going to visit Madrid?*
Anita	Claro, después de visitar Sevilla fui allí, y los padres de Pablo me invitaron a cenar. *Of course, after visiting Seville I went there, and Pablo's parents took me to dinner.*
Señor Martínez	Nos han escrito. Nos han contado que estuvo allí y que sacó muchas fotos. ¿Ha traído las fotos hoy? *They have written to us. They have told us that you were there and that you took a lot of photographs. Have you brought the photographs today?*
Anita	A ver...pensaba que las había puesto en el bolso...Aquí están. *Let's see...I thought I'd put them in my purse...Here they are.*
Señor Martínez	¿Nadie quiere más café? ¿Seguro? *Nobody wants more coffee? Quite sure?*
David	¡Qué hermoso es esto! ¿Es Sevilla? *How beautiful this is! Is it Seville?*
Señor Martínez	David, ¿no conoce el refrán, "Quien no ha visto Sevilla, no ha visto maravilla"? *David, don't you know the saying, "He who's not been to Seville, has not seen a wonder"?*

David   ¡Qué interesante! Antes de la Expo 92* no había oído hablar de Sevilla.
How interesting! Before Expo 92 I hadn't heard mention of Seville.

Anita   Y aquí, unas fotos de su familia, aunque francamente no son muy buenas. No sé si les gusta mirar tantas fotos.
And here, some photographs of your family, although frankly, they are not very good. I don't know whether you like looking at so many photographs.

Señor Martínez   ¡Qué cosa! David, estas dos señoritas que ve aquí...¡qué guapas son! Son las dos niñas de cinco y ocho años que están allí en aquel cuadro... que es de hace doce años.
How amazing! David, these two young ladies whom you see here...how pretty they are!...are the two girls aged five and eight who are there in that picture...it's from twelve years ago.

Anita   Y aquí...los padres y los tíos de Pablo.
And here, Pablo's parents and his uncle and aunt.

Señor Martínez   Mis padres, o sea los abuelos de las dos niñas.
My parents, that's to say, the two girls' grandparents.

Anita   No hay que olvidar a su sobrino...y ésta será su novia.
You must not forget your nephew...and this will be his girlfriend.

Señor Martínez   ¡No me diga! ¿Tiene novia?
Don't tell me! Does he have a girlfriend?

Anita   Desde luego. Y piensan casarse. Están buscando un apartamento y todo.
Of course. And they're planning to marry. They are looking for an apartment and everything.

Señor Martínez   Y aquí, ¿qué están haciendo?
And here, what are they doing?

Anita   No me acuerdo exactamente.
I can't remember exactly.

David   ¿No están leyendo el periódico? Él está mirando el anuncio y ella está explicando algo.
Aren't they reading the newspaper? He is looking at the advertisement, and she is explaining something.

Anita   Y la casa de su hermano. ¿No ve qué bonita es?
And your brother's house. Can't you see how lovely it is?

Señor Martínez	El comedor...ésa es la cocina...el cuarto de estar...uno de los dormitorios, la escalera.
	The dining room...and that's the kitchen...the living room...one of the bedrooms, the stairs.
Anita	Y finalmente el jardín...y un garaje inmenso.
	And finally the garden...and an enormous garage.
Señor Martínez	Le había dicho que quería ver unas fotos...pero realmente ha sido magnífico. Muchas gracias.
	I had told you I wanted to see some photographs... but really it's been wonderful. Thanks a lot.

* Expo 92 was the 1992 World's Fair that made Sevilla a more popular tourist destination.

GRAMÁTICA / GRAMMAR

1. LOS ADVERBIOS / ADVERBS

Many Spanish adverbs are formed directly from adjectives. This is done by adding -mente to the *feminine* form of the adjective:

desesperada	desesper**adamente**	*desperately*
rápida	rápid**amente**	*quickly*

Where there is no separate form for the feminine, -mente is added to the singular form of the adjective.

fácil	fácil**mente**	*easily*
normal	normal**mente**	*normally*

Los niños obedecen **normalmente** a sus padres. (normal)
Children normally obey their parents.

Mis primos son **totalmente** imposibles. (total)
My cousins are totally crazy.

El nieto gritó **furiosamente**. *(furious)*
The grandson shouted furiously.

Salió **inmediatamente**. *(immediate)*
He left immediately.

Está **locamente** enamorado. *(mad)*
He's madly in love.

If several adverbs in -mente are grouped together, -mente is dropped from all but the last.

Suben la calle **lenta, segura** y **determinadamente.**
They go up the street slowly, surely and determinedly.

El tío le habló **atrevida** y **resueltamente.**
The uncle spoke to him boldly and resolutely.

Some common adverbs have a separate form, and are not formed from an adjective. Study the list below.

bien	*well*
mal	*badly*
despacio	*slowly*
de prisa	*quickly*
pronto	*soon*
demasiado	*too*
bastante	*fairly*
de repente	*suddenly*
muy	*very*

The comparative of adverbs is formed in the same way as the comparative of adjectives (see Lesson 13), by putting más (*more*) or menos (*less*) in front of the adverb, and que after it.

Anda **menos** despacio **que** yo.   *You walk less slowly than I.*

Lo explicó **más** rápidamente hoy.   *He explained it faster today.*

Exceptions:

bien	mejor	*better*
mal	peor	*worse*

Conducen **mejor** en la capital.
They drive better in the capital.

Allí hablan **peor** que aquí.
There they speak worse than here.

2. EQUIVALENTES DE -ING / -ING EQUIVALENTS

In Lesson 5 you learned to form the continuous tenses with estar + *gerund,* to stress the ongoing nature of an action.

Estoy cenando.
I am having supper.

Está lloviendo.
It is raining.

Están buscando un apartamento.
They are looking for an apartment.

Laura está sirviendo café.
Laura is serving coffee.

Note that different tenses of estar can be used, as it would be the case in English.

José estaba leyendo.
José was reading.

The above stresses duration and continuity, that is, it is focused on the time while the action was taking place. Compare this example with the one below, which just focuses on an activity that took place in the past:

Juan leía.
Juan read.

However, to describe states or positions that are the result of an action, Spanish uses the past participle (-ado, -ido), not the present participle (-ando, -iendo). It agrees in number and gender with the subject.

La familia Martínez están sentados.
The Martínez family is sitting down.

Other similar examples are:

acostado♂/acostada♀   *lying down*

arrodillado♂/arrodillada♀   *kneeling*

suspendido♂/suspendida♀   *hanging*

Note also that English uses the -ing form to make nouns and adjectives. This does not happen in Spanish.

el cuarto de estar: *living room*
interesante: *interesting*

English also uses -ing in many expressions where Spanish uses the infinitive form instead:

On arriving...	Al llegar...
After visiting Seville...	Después de visitar Sevilla...
Before leaving...	Antes de irse...
Without waiting...	Sin esperar...
I like looking at photographs.	Me gusta mirar fotos.

Note that some verbs have an irregular present participle. Many of these have the same irregularity in the present and preterite tenses.

Infinitive	Present	Preterite	Present Participle
servir	Él/Ella/Usted sirve	Él/Ella/Usted sirvió	Él/Ella/Usted está sirviendo
(to serve)	You/He/She/It serves	You/He/She/It served	You/He/She/It is serving
morir	Él/Ella/Usted muere	Él/Ella/Usted murió	Él/Ella/Usted está muriendo
(to die)	You/He/She/It dies	You/He/She/It died	You/He/She/It is dying
pedir	Él/Ella/Usted pide	Él/Ella/Usted pidió	Él/Ella/Usted está pidiendo
(to ask for)	You/He/She/It asks	You/He/She/It asked	You/He/She/It is asking
preferir	Él/Ella/Usted prefiere	Él/Ella/Usted prefirió	Él/Ella/Usted está prefiriendo
(to prefer)	You/He/She/It prefers	You/He/She/It preferred	You/He/She/It is preferring
leer	Él/Ella/Usted lee	Él/Ella/Usted leyó	Él/Ella/Usted está leyendo
(to read)	You/He/She/It reads	You/He/She/It read	You/He/She/It is reading

3. EL PLUSCUAMPERFECTO / THE PAST PERFECT

In Lesson 13 you learned to form and use the present perfect tense.

He hablado/comido/salido.
I have spoken/eaten/gone out.

The past perfect is formed from the **imperfect** of haber + **past participle** of the verb concerned.

Perfect	Past Perfect
he llegado/bebido/vivido	había llegado/bebido/vivido
ha llegado/bebido/vivido	había llegado/bebido/vivido
hemos llegado/bebido/vivido	habíamos llegado/bebido/vivido
han llegado/bebido/vivido	habían llegado/bebido/vivido

As it was the case with the present perfect, the past participle does not change. This tense is used mostly as in English, with one important exception which will be discussed later on.

No habíamos terminado cuando Manuel llegó.
We had not finished when Manuel arrived.

El abuelo no sabía que los tíos habían muerto.
The grandfather did not know that the uncle and aunt had died.

El agente no sabía quién lo había hecho.
The officer did not know who had done it.

---

4. LA FAMILIA / THE FAMILY

Study the following family-related vocabulary:

el padre	*father*
la madre	*mother*
los padres	*parents*
el abuelo	*grandfather*
la abuela	*grandmother*
los abuelos	*grandparents*
el tío	*uncle*
la tía	*aunt*
los tíos	*uncle and aunt*

el hijo	son
la hija	daughter
los hijos	children (sons and daughters)
el nieto	grandson
la nieta	granddaughter
los nietos	grandchildren
el primo	cousin (male)
la prima	cousin (female)
los primos	cousins
el sobrino	nephew
la sobrina	niece
el suegro	father-in-law
la suegra	mother-in-law
los suegros	parents-in-law
el marido	husband
el esposo	
la mujer	wife
la esposa	
el novio	boyfriend
la novia	girlfriend

VOCABULARIO / **VOCABULARY**

ir a casa de X: to go to X's house
estar en casa de X: to be in X's house
servir el café: to serve the coffee
el azúcar: sugar
sacar fotos: to take photos
la escalera: stairs
el cuarto de estar: living room
la cocina: kitchen

el dormitorio: bedroom
el jardín: garden
el garaje: garage
el cuadro: picture, painting
el anuncio: advertisement
el refrán: saying, proverb
la maravilla: marvel, wonder
el equivalente: equivalent
el pluscuamperfecto: past perfect
la salud: health
la cafeína: caffeine
descafeinado♂/descafeinada♀: decaffeinated
desesperadamente: desperately
desgraciadamente: unfortunately
prácticamente: practically
realmente: really
despacio: slowly
deprisa: fast
¡No me diga!: You don't say!
¡Qué cosa!: How amazing!
desde luego, claro: of course
telefonear: to phone
hacer (las) compras: to go shopping
contener: to contain
bastar: to be enough
basta de tonterías: that's enough nonsense
olvidar: to forget
oír hablar de: to hear (mention) of
casarse: to get married
acordarse (de): to remember
leer: to read
explicar: to explain
obedecer: to obey
mejor: better
peor: worse
por supuesto: of course
resuelto♂/resuelta♀: resolved, determined
determinado♂/determinada♀: determined
atrevido♂/atrevida♀: bold
enamorado♂/enamorada♀: in love
simpático♂/simpática♀: friendly, nice
hermoso♂/hermosa♀: beautiful
franco♂/franca♀: frank
exacto♂/exacta♀: exact
inmenso♂/inmensa♀: huge

maravilloso♂/maravillosa♀: marvelous
normal: normal
rápido♂/rápida♀: fast
loco♂/loca♀: crazy
concreto♂/concreta♀: concrete
desafortunado♂/desafortunada♀: unfortunate
triste: sad
seguro♂/segura♀: safe
furioso♂/furiosa♀: furious
inmediato♂/inmediata♀: immediate
el padre: father
la madre: mother
los padres: parents
el abuelo: grandfather
la abuela: grandmother
los abuelos: grandparents
el tío: uncle
la tía: aunt
los tíos: uncle and aunt
el hijo: son
la hija: daughter
los hijos: children (sons and daughters)
el nieto: grandson
la nieta: granddaughter
los nietos: grandchildren
el primo: cousin (male)
la prima: cousin (female)
los primos: cousins
el sobrino: nephew
la sobrina: niece
el suegro: father-in-law
la suegra: mother-in-law
los suegros: parents-in-law
el marido: husband
el esposo: husband
la mujer: wife
la esposa: wife
el novio: boyfriend
la novia: girlfriend

EJERCICIOS / **EXERCISES**

Exercise A

Answer the questions below using the information from this lesson's dialogue.

1. ¿Dónde están Anita y David? _____

_____

2. ¿Qué está haciendo el señor Martínez? _____

_____

3. ¿A David le gusta el café? _____

_____

4. Después de visitar Sevilla, ¿adónde fue Anita?

_____

_____

5. ¿David conoce Sevilla? ¿Qué dice de la ciudad?

_____

_____

6. ¿Por qué habla el señor Martínez del cuadro y de las niñas de cinco y ocho años? _____

_____

Exercise B

Change each adjective below into an adverb.

Ex.
cortés **cortésmente**
claro **claramente**

1. franco _____
2. real _____
3. desafortunado _____
4. concreto _____
5. final _____
6. rápido _____
7. lento _____
8. triste _____

9. solo _____
10. simple _____
11. feliz _____
12. completo _____
13. maravilloso _____
14. práctico _____
15. actual _____
16. evidente _____

17. leal ——————   19. seguro ——————

18. sincero ——————   20. cierto ——————

The sentences below are in the imperfect tense. Rewrite them in the past perfect.

Ex.:
Cuando llegué, *salían* de la casa.
Cuando llegué, **habían salido** de la casa.

1. Cuando le telefoneé, Ignacio *escribía* la carta.

_____

2. Cuando lo vi, no lo *hacía.* ——————————

_____

3. Cuando los encontré, *pagaban* la cuenta. ——————

_____

4. Cuando llegaron, el tren *entraba* en la estación.

_____

5. Cuando entré, *pedían* dinero a su padre. ——————

_____

6. Cuando llegamos, usted no *ayudaba* a sus primos.

_____

7. Cuando nos vieron, *leíamos* el periódico. ——————

_____

8. Cuando salí, no *llovía.* ——————————

_____

9. Cuando murió el abuelo, no *moría* el hijo. ——————

_____

10. Cuando nació el primer hijo, *comprábamos* la casa.

_____

Translate these sentences into Spanish using the appropriate vocabulary and verb forms for the past perfect.

1. He had not been able to go. ——————————

_____

2. They had not bought the tickets. _____

_____

3. Anita had forgotten the photographs. _____

_____

4. David had not heard of Sevilla. _____

_____

5. Pablo's parents had written a letter. _____

_____

6. He had prepared the coffee. _____

_____

7. Anita had not visited Sevilla before. _____

_____

8. We had not wanted to have coffee. _____

_____

Exercise E

Translate these sentences into Spanish, paying attention to the proper translation of -ing words.

1. On arriving, he sat down. _____

_____

2. I like looking at the newspapers. _____

_____

3. Before eating, we drink something. _____

_____

4. After visiting the city, we wrote a letter. _____

_____

5. Without making a reservation, he went to the airport.

_____

_____

Visit www.berlitzpublishing.com for a bonus internet activity—go to the downloads section and connect to the world in Spanish!

LA BUSCO DESDE HACE MEDIA HORA
I'VE BEEN LOOKING FOR IT FOR HALF AN HOUR

Un viajero ha perdido su maleta en la estación. Entonces, ve a una señorita y le pregunta por ella.
A traveler has lost his suitcase at the station. Then, he sees a young lady and asks her about it.

Viajero	**Por favor, señorita, ¿ha visto por aquí una pequeña maleta gris y roja? La dejé aquí.** *Please, miss, have you seen a small gray and red suitcase around here? I left it here.*
Señorita	**¿Aquí? No, señor.** *Here? No, sir.*
Viajero	**He perdido mi maleta. La estoy buscando desde hace media hora.** *I've lost my suitcase. I've been looking for it for half an hour.*

Señorita	Tal vez la encontrará. ¿Estará en la Oficina de Objetos Perdidos? *Maybe you'll find it. Could it be in the Lost and Found office?*
Viajero	No lo sé. ¿Qué haré sin todas aquellas cosas? Mis padres me regalaron esa maleta cuando tenía trece años. No podré ir de vacaciones. Será imposible. *I don't know. What shall I do without all those things? My parents gave that suitcase to me when I was thirteen. I won't be able to go on vacation. It'll be impossible.*
Señorita	¿Dónde fue con la maleta? ¿Se acuerda? *Where did you go with the suitcase? Do you remember?*
Viajero	¡Yo qué sé! Salí esta mañana a las ocho. Vine a la estación. Fui al banco allí enfrente. Puse la maleta allí. Hice cola para cambiar dinero. *What do I know! I left this morning at 8 o'clock. I came to the station. I went to the bank over there. I put the suitcase there. I stood in line to exchange money.*
Señorita	¿Cuándo se dio cuenta de que no tenía la maleta? *When did you realize that you didn't have the suitcase?*
Viajero	Hace media hora, al llegar a Información. *Half an hour ago, on getting to the information desk.*
Señorita	¿Y la busca desde hace media hora? *And you've been looking for it for half an hour?*
Viajero	Exacto…eso es. *Precisely…that's it.*
Señorita	Bueno, yo en su lugar iría a la Oficina de Objetos Perdidos. *Well, if I were you I'd go to the Lost and Found office.*
Viajero	¡Qué pesadilla! No podré ir a Tokio. No llegaré al aeropuerto a tiempo. Tendré que quedarme aquí. *What a nightmare! I won't be able to go to Tokyo. I won't reach the airport in time. I'll have to stay here.*
Señorita	Bueno…yo en su lugar preguntaría allí si tienen la maleta. *Well…if I were you, I'd ask there if they have the suitcase.*
Viajero	Gracias. Usted es muy amable. *Thanks. You are very kind.*
Señorita	Oiga, ¿no ve aquella maleta gris y roja? ¿No será la suya? *Hey, can't you see that gray and red suitcase? Wouldn't that be yours?*

Viajero	No veo nada. ¿Dónde?
	I can't see anything. Where?
Señorita	Allí, al fondo, hay muchas maletas todas juntas.
	There, over there, there are a lot of suitcases all together.
Viajero	No puede ser. La mía estaba conmigo y de todas formas yo no estaba allí al fondo tampoco.
	That can't be. Mine was with me, and anyway I was not over there either.
Señorita	¿No será la suya...gris y roja? ¿Con aquel grupo de turistas?
	Wouldn't that be yours...gray and red? With that group of tourists?
Viajero	Iré a ver. Volveré en seguida.
	I'll go and see. I'll be right back.

Dos minutos después...
Two minutes later...

Viajero	¡Qué suerte! Es la mía, pero los turistas habían pensado que era suya. Iré en seguida al aeropuerto. Tal vez llegue a tiempo. Muchas gracias, señorita, adiós.
	What luck! It's mine, but the tourists had thought it was theirs. I'll go at once to the airport. Perhaps I'll arrive in time. Many thanks, miss, goodbye.
Señorita	De nada. Adiós. ¡Buen viaje!
	You're welcome. Goodbye. Have a good trip!

GRAMÁTICA / GRAMMAR

1. LA EDAD / AGE

In Spanish, age is expressed by *to have x years*. You cannot use the verb "to be," and you must add the word años. Note that when you express age in the past, the verb must always be in the imperfect (since you were any given age for an entire year).

¿Cuántos años tiene?
How old are you?

El nieto tiene dos años.
The grandson is two.

Cuando teníamos doce años...
When we were twelve...

2. PODER* / CAN, TO BE ABLE TO

Remember:

(1) saber is often used when we use "can."

No sé conducir.
I can't drive.

(2) "Can" is often omitted with verbs of perception.

¿No ve aquella maleta?
Can't you see that suitcase?

*See Lessons 4-5 for more on poder.

---

3. DESDE / FROM

To express what has been happening since <u>a point in time</u> (Christmas/ 8.00 a.m./last year), Spanish uses the present tense and desde.

Vivo aquí desde enero.
I have been living here since January.

Hablamos español desde hace años.
We have been speaking Spanish for years.

Soy vegetariano desde 2003.
I have been a vegetarian since 2003.

Compro aquel café desde entonces.
I have been buying that coffee since then.

---

4. DESDE HACE / FOR

To express what has been happening for a <u>length of time</u>, (five minutes/six centuries/all my life) Spanish uses the present tense and desde hace, whereas English would use the present perfect. Note that the action begun in the past is not yet complete.

Lo busco desde hace media hora.
I have been looking for it for half an hour.

Conduce así desde hace años.
He's been driving like that for years.

Necesito gafas desde hace seis meses.
I've been needing glasses for six months.

Note: This can be expressed in a slightly different way:
Hace + length of time + que

Hace media hora que lo busco.	*I've looked for it for half an hour.*
Hace años que conduce así.	*He's been driving like this for years.*
Hace seis años que necesito gafas.	*I've needed glasses for six years.*

The meaning is unchanged. In the latter examples, desde is omitted.

---

5. DESDE HACÍA / **FOR**

This expression is often used to convey <u>what had been</u> happening for a length of time. Here, Spanish uses the imperfect (hacía) where English would use the past perfect tense.

Estaba en México **desde hacía** un mes cuando murió.
He had been in Mexico for a month when he died.

No visitaban a sus abuelos **desde hacía** varios años.
They had not visited their grandparents for several years.

---

6. EL FUTURO / **THE FUTURE**

You already know several ways of expressing what you will do in the future:

Quiero…
I want to…

Tengo que…
I have to…

Pienso…
I plan on…

Voy a…
I'm going to…

All these are followed by the infinitive.

Quiero cenar.	Pienso ir de vacaciones.
I want to have supper.	*I plan to go on vacation.*
Voy a preguntar algo.	Tengo que estudiar esta tarde.
I am going to ask something.	*I have to study this afternoon.*

If you want to be more formal, you can use the future tense. This is formed from the infinitive (-ar, -er, -ir) with the following endings:

Comprar	to buy		
Yo compraré	Usted/Él/Ella comprará	Nosotros compra**remos**	Ellos comprar**án**
I will buy	*You/He/She/It will buy*	*We will buy*	*They will buy*

Comer	to eat		
Yo comer**é**	Usted/Él/Ella comer**á**	Nosotros comer**emos**	Ellos comer**án**
I will eat	*You/He/She/It will eat*	*We will eat*	*They will eat*

Vivir	to live		
Yo vivir**é**	Usted/Él/Ella vivir**á**	Nosotros vivir**emos**	Ellos vivir**án**
I will live	*You/He/She/It will live*	*We will live*	*They will live*

All verbs use the same endings for the future tense, including the following which have an irregular stem (i.e. other than the infinitive).

FUTURE	INFINITIVE	
vendré	venir	*to come*
tendré	tener	*to have*
podré	poder	*can, to be able to*
pondré	poner	*to put*
saldré	salir	*to go out*
querré	querer	*to want*
haré	hacer	*to make, to do*
diré	decir	*to say*
habré	haber	*to have (as auxiliary)*
sabré	saber	*to know*

Vendré mañana.
I'll come tomorrow.

¿No tendrán que obedecer?
Won't they have to obey?

Saldremos a las seis.
We'll leave at six.

The future may also be used for conjecture:
¿Cuántos años tendrá?
How old will he be?

¿No será suya?
Wouldn't that be yours?

---

7. EL CONDICIONAL / THE CONDITIONAL

Once you have learned the future tense, it will be very easy to remember the endings for the conditional tense. For regular and irregular verbs, replace the future endings with:

Mirar	to look		
Yo miraría	Usted/Él/Ella miraría	Nosotros miraríamos	Ellos mirarían
I would look	*You/He/She/It would look*	*We would look*	*They would look*

Comer	to eat		
Yo comería	Usted/Él/Ella comería	Nosotros comeríamos	Ellos comería
I would eat	*You/He/She/It would eat*	*We would eat*	*They would eat*

Vivir	to live		
Yo viviría	Usted/Él/Ella viviría	Nosotros viviríamos	Ellos vivirían
I would live	*You/He/She/It would live*	*We would live*	*They would live*

Any verb which is irregular in its stem in the future has this same irregularity in the conditional, such as:

169

INFINITIVE	FUTURE	CONDITIONAL	
decir	diré	diría	*to say*
hacer	haré	haría	*to do, to make*
poder	podré	podría	*can, to be able to*

This tense corresponds to the English conditional.

Pensaba que **sería** imposible.
I thought it would be impossible.

Dijo que no **vendría**.
He said he would not come.

Yo no **haría** esto.
I would not do this.

Note:

1. When <u>would</u> means "willing to," **poder** is used.

   ¿Puede abrir la ventana?   *Would you open the window?*

2. When <u>would</u> means "used to," the imperfect is used.

   Me levantaba siempre tarde.   *I would always get up late.*

3. When <u>should</u> means "ought to," the conditional of **deber** is used.

   Debería ir en seguida.   *You should go at once.*

   No **deberían** beber tanto.   *They should not drink so much.*

8. LA POSESIÓN / POSSESSION

mi	mis	mío(s)	mía(s)	*(my, mine)*
su	sus	suyo(s)	suya(s)	*(yours, its, his, hers; yours, his, hers, their, theirs)*
nuestro♂ / nuestra♀	nuestros♂ / nuestras♀	*(our, ours)*		

You have already learned **mi(s)**, **su(s)** and **nuestro(s)**♂/**nuestra(s)**♀.
These precede their noun and **mi** and **su** agree with it in number (singular/plural) but not in gender (masculine/feminine). **Nuestro** agrees with its noun in both number and gender.

Mi marido y **mis** hijos están esperando.
My husband and my children are waiting.

Nuestras vacaciones empiezan hoy.
Our vacation begins today.

Mío♂/**mía**♀, **suyo**♂/**suya**♀, and **nuestro**♂/**nuestra**♀ are strong forms of the possessive adjective and follow their noun, agreeing with it in both number and gender.

¡Dios **mío**!   Este coche **mío**.
My God!   *This car of mine.*

Aquellos amigos **suyos**.
Those friends of his.

By putting **el/la/los/las** in front of the strong possessive adjective, you form the possessive pronoun which stands in for the noun: **el mío, la mía, los míos, las mías,** *mine (my ones)*, etc.

¿Este es **su** boleto o **el mío**?   *Is this your ticket or mine?*
Es **suyo**.   *It's yours.*

¿De quién es esta casa?   *Whose house is this?*
Es **suya**.   *It's his/hers/yours/theirs.*

Tengo mi entrada y **la suya**.   *I have my ticket and yours/his/hers/theirs.*

He olvidado mis llaves y **las suyas**. *I've forgotten my keys and yours/his/hers/theirs.*

Note:

1. The definite article may be omitted when the pronoun follows the verb **ser**.

2. Since **suyo/suya** may be ambiguous, it is often replaced by **de él, de ella, de usted, de ellos,** etc.

¿Es **de él**?   *Is it his?*

No. Es **de ella**.   *No. It's hers.*

VOCABULARIO / **VOCABULARY**

el viajero♂/la viajera♀: traveler
objetos perdidos: lost and found
información: information
el lugar: place
la pesadilla: nightmare
las gafas: glasses
en su lugar: if I were you
hace: ago
desde: since (+ point in time)
desde hace: for (+ length of time)
hace (+ length of time) que: for (+ length of time)
darse cuenta de: to realize
regalar: to give as a present
tener x años: to be x years old
mío♂/mía♀: my
suyo♂/suya♀: his, her, their
junto♂/junta♀: close, together
¡Qué suerte!: What luck!
de todas formas: anyhow

EJERCICIOS / **EXERCISES**

Exercise A

Answer the questions below using the information from this lesson's dialogue.

1. ¿Qué quería saber el viajero? _____

   _____

2. ¿Cómo era la maleta? _____

   _____

3. ¿Hacía mucho tiempo que la buscaba? _____

   _____

4. ¿Dónde cree la señorita que el viajero encontrará la maleta?

   _____

5. ¿A qué hora había salido el viajero? _____

   _____

6. En su lugar, ¿qué haría la señorita?

   _____

Rewrite the sentences below, changing the verb to the future tense.

Ex.:
Puedo sacar las entradas.
Podré sacar las entradas.

1. El día de Navidad me dan una botella de vino.

   _____

   _____

2. ¿Se levanta temprano? _____

   _____

3. José recibe a sus sobrinos en la estación. _____

   _____

4. El programa comienza a las diez. _____

   _____

5. Abrimos la puerta a las dos. _____

6. Antonio telefonea tarde. _____

   _____

7. Estas cartas son para su padre. _____

   _____

8. El martes no hago nada. _____

   _____

Rewrite the following sentences with the subject indicated in bold.

Ex.:
Cenaremos a las once. **Él**
Cenará a las once.

1. Mañana estaremos en Nueva York. **Yo**... en Nueva York.

   _____

   _____

2. En abril visitaré a mi hermano. **Usted**... a mi hermano.

   _____

   _____

3. ¿Ustedes vendrán a casa ahora? **Ellas**... a casa ahora.

_____

_____

4. Me quedaré en el campo. **Nosotros**... en el campo.

_____

_____

5. Tendré que hacer algo importante. **Ella**... que hacer algo importante. _____

_____

6. Sabrá la hora del avión. **Ellos**... la hora del avión.

_____

_____

7. ¿Podrán venir? **Nosotras**... venir. _____

8. Ellas dirán que es verdad. **Nosotros**... que es verdad.

_____

Exercise D

Rewrite these sentences changing the first verb into the preterite and the second one into the conditional.

Ex.:
Dice que llegará mañana.
Dijo que llegaría mañana.

1. Cree que hará mucho frío en abril. _____

_____

2. Les explico que no podré venir. _____

_____

3. Me preguntan por qué no estará en casa. _____

_____

4. Los jóvenes quieren saber a qué hora cerrarán las puertas.

_____

5. Dicen que no volverán tarde. _____

_____

6. Les pregunto si saldrán. _____

_____

7. Elena quiere saber cuándo terminará la clase.

_____

_____

8. Creo que no tendrán suerte. _____

_____

Translate these sentences into Spanish using the most appropriate expression for each one.

Ex.:
They have been studying for a month.
Estudian desde hace un mes.
Hace un mes que estudian.

Exercise E

1. It has been raining for ten minutes. _____

_____

2. We have been living here for eight years. _____

_____

3. How long have you been learning Spanish? _____

_____

4. He has not worked for five years. _____

_____

5. He has been waiting for one hour. _____

_____

Visit www.berlitzpublishing.com for a bonus internet activity—go to the downloads section and connect to the world in Spanish!

REVIEW: LESSONS 13-15

**LEA Y ESCUCHE LOS DIÁLOGOS DE LAS UNIDADES 13-15
PARA PRACTICAR LA PRONUNCIACIÓN Y EL VOCABULARIO
APRENDIDO.**

Dialogue 13

Un turista está paseando por las calles de Santiago y le
pregunta a un policía cómo llegar a varios sitios.

Turista	**Perdone, señor... Quisiera ir al museo. ¿Dónde está, por favor?**
Policía	**¿El museo?**
Turista	**Lo he buscado por todas partes pero no lo he encontrado.**
Policía	**Pues sí, ahora me acuerdo. ¿Usted ha subido por allí verdad? Bueno, ha pasado muy cerca. Está más cerca que el Hotel Carmona.**
Turista	**No puede ser...**

Policía	Tiene que bajar esta calle hasta la fuente y doblar a la derecha. Después del semáforo va a pasar delante del hospital y tomar la primera a la izquierda. Usted sigue todo recto y allí al fondo está, enfrente, a unos 50 metros. Está muy cerquita.
Turista	Pero he pasado por allí, sin verlo.
Policía	Eso dicen muchos. Está a cinco minutos a pie.
Turista	¿Y para ir después al Jardín Botánico?
Policía	Eso es más complicado.
Turista	¿Tengo que ir en taxi?
Policía	No. Puede ir a pie. No es que esté tan lejos, sino que es menos fácil de encontrar.
Turista	Jamás he visitado el Jardín Botánico y tengo muchas ganas de ir.
Policía	Vamos a ver. Al salir del museo debe tomar la tercera a la derecha hacia el centro, seguir hacia abajo hasta el cruce, cruzar y luego tomar la segunda a la derecha entre el cine y el bar, y después de pasar el puente va a ver un parque detrás del colegio. Éste es el Jardín Botánico.
Turista	¡Perfecto! Pero todavía no he sacado las entradas.
Policía	Eso se puede hacer allí mismo. Lo único es que hay que hacer cola.
Turista	Muchas gracias señor. Adiós.
Policía	Adiós. De nada.

Dialogue 14

Esta tarde David y Anita han ido a casa del señor Martínez. Ahora los tres están sentados en la sala de estar. El señor Martínez está sirviendo café.

Señor Martínez	¿Más café, Anita?
Anita	Pues sí, gracias, solo y sin azúcar.
Señor Martínez	¿Y usted, David? ¿Le sirvo otro poco?
David	Para mí no, gracias. No me gusta tanto el café. Prefiero el vino.

Señor Martínez	Usted es como mi mujer. No le gusta el café...ni el té. Desgraciadamente el vino no es muy bueno para la salud.
David	El café y el té contienen cafeína. El vino no la tiene.
Señor Martínez	Basta de tonterías. Anita, ha estado en España. ¿Qué tal mi familia?
Anita	Bueno, pasé prácticamente todo el tiempo en Sevilla, donde conocí a su primo Alberto, cuyos amigos también eran muy simpáticos.
Señor Martínez	¿Antes de irse no había dicho que iba a visitar Madrid?
Anita	Claro, después de visitar Sevilla fui allí, y los padres de Pablo me invitaron a cenar.
Señor Martínez	Nos han escrito. Nos han contado que estuvo allí y que sacó muchas fotos. ¿Ha traído las fotos hoy?
Anita	A ver...pensaba que las había puesto en el bolso...Aquí están.
Señor Martínez	¿Nadie quiere más café? ¿Seguro?
David	¡Qué hermoso es esto! ¿Es Sevilla?
Señor Martínez	David, ¿no conoce el refrán, "Quien no ha visto Sevilla, no ha visto maravilla"?
David	¡Qué interesante! Antes de la Expo 92 no había oído hablar de Sevilla.
Anita	Y aquí, unas fotos de su familia, aunque francamente no son muy buenas. No sé si les gusta mirar tantas fotos.
Señor Martínez	¡Qué cosa! David, estas dos señoritas que ve aquí...¡qué guapas son! Son las dos niñas de cinco y ocho años que están allí en aquel cuadro...que es de hace doce años.
Anita	Y aquí...los padres y los tíos de Pablo.
Señor Martínez	Mis padres, o sea los abuelos de las dos niñas.
Anita	No hay que olvidar a su sobrino...y ésta será su novia.
Señor Martínez	¡No me diga! ¿Tiene novia?
Anita	Desde luego. Y piensan casarse. Están buscando un apartamento y todo.
Señor Martínez	Y aquí, ¿qué están haciendo?

Anita	No me acuerdo exactamente.
David	¿No están leyendo el periódico? Él está mirando el anuncio y ella está explicando algo.
Anita	Y la casa de su hermano. ¿No ve qué bonita es?
Señor Martínez	El comedor...ésa es la cocina...el cuarto de estar...uno de los dormitorios, la escalera.
Anita	Y finalmente el jardín...y un garaje inmenso.
Señor Martínez	Le había dicho que quería ver unas fotos...pero realmente ha sido magnífico. Muchas gracias.

Dialogue 15

Un viajero ha perdido su maleta en la estación. Entonces, ve a una señorita y le pregunta por ella.

Viajero	Por favor, señorita, ¿ha visto por aquí una pequeña maleta gris y roja? La dejé aquí.
Señorita	¿Aquí? No, señor.
Viajero	He perdido mi maleta. La estoy buscando desde hace media hora.
Señorita	Tal vez la encontrará. ¿Estará en la Oficina de Objetos Perdidos?
Viajero	No lo sé. ¿Qué haré sin todas aquellas cosas? Mis padres me regalaron esa maleta cuando tenía trece años. No podré ir de vacaciones. Será imposible.
Señorita	¿Dónde fue con la maleta? ¿Se acuerda?
Viajero	¡Yo qué sé! Salí esta mañana a las ocho. Vine a la estación. Fui al banco allí enfrente. Puse la maleta allí. Hice cola para cambiar dinero.
Señorita	¿Cuándo se dio cuenta de que no tenía la maleta?
Viajero	Hace media hora, al llegar a Información.
Señorita	¿Y la busca desde hace media hora?
Viajero	Exacto...eso es.
Señorita	Bueno, yo en su lugar iría a la Oficina de Objetos Perdidos.
Viajero	¡Qué pesadilla! No podré ir a Tokio. No llegaré al aeropuerto a tiempo. Tendré que quedarme aquí.

Señorita	Bueno...yo en su lugar preguntaría allí si tienen la maleta.
Viajero	Gracias. Usted es muy amable.
Señorita	Oiga, ¿no ve aquella maleta gris y roja? ¿No será la suya?
Viajero	No veo nada. ¿Dónde?
Señorita	Allí, al fondo, hay muchas maletas todas juntas.
Viajero	No puede ser. La mía estaba conmigo y de todas formas yo no estaba allí al fondo tampoco.
Señorita	¿No será la suya...gris y roja? ¿Con aquel grupo de turistas?
Viajero	Iré a ver. Volveré en seguida.

Dos minutos después...

| Viajero | ¡Qué suerte! Es la mía, pero los turistas habían pensado que era suya. Iré en seguida al aeropuerto. Tal vez llegue a tiempo. Muchas gracias, señorita, adiós. |
| Señorita | De nada. Adiós. ¡Buen viaje! |

EJERCICIOS / EXERCISES

Exercise A

Select the best option in parenthesis to complete each sentence.

Ex.:

¿Dónde **está** por favor? (hay/es/está)

1. Correos no está cerca. Está _____. (lejos/enfrente/a la izquierda)

2. ¿_____ que ir en taxi? (voy/puedo/tengo)

3. Queremos ir _____ pie. (de/con/a)

4. Al _____, el museo está enfrente. (salir/sale/saliendo)

5. Ayer _____ al teatro. (iré/fui/he ido)

6. _____ no ha cenado. (yo/él/nosotros)

7. _____ he ido nunca a California. (jamás/yo/no)

8. No han _____ venir. (podido/puesto/que)

9. La pensión está cerca _____ parque. (de/del/al)

10. Es el mejor café _____ mundo. (en el/de la/del)

11. Yo _____ cenar ahora. (pude/quise/quiero)

12. Usted y yo _____ mañana. (salgo/salimos/saldremos)

13. _____ sol en mayo. (hace/hay/está)

14. Mi hermano _____ veinte años. (es/tiene/hace)

Answer each question below in the negative form. Follow the model to guide you.

Ex.:
¿Va allí mucho?
No, no voy allí mucho.

¿Invitaremos a alguien?
No, no invitaremos a nadie.

1. ¿Ha podido sacar las entradas? _____

_____

2. ¿Mira algo? _____

_____

3. ¿Alguien quiere ayudarme? _____

_____

4. ¿Tienen alguna idea del problema? _____

_____

5. ¿Siempre pasa esto? _____

_____

Exercise B

Rewrite these sentences so that the verb is in the present perfect.

Ex.:
Ellos llegan al aeropuerto a tiempo.
Ellos **han llegado** al aeropuerto a tiempo.

1. ¿Qué dice usted? _____

2. No puedo olvidarlo. _____

3. Nos levantamos a las siete. _____

4. Bebemos todo el vino. _____

Exercise C

5. No llama nadie. _____

6. ¿Usted viene en coche? _____

Exercise D

Rewrite the questions below by substituting the underlined portion for an appropriate form of the possessive.

Ex.:
¿Han olvidado <u>nuestro dinero</u>?
¿Han olvidado **el nuestro**?

1. ¿Estoy bebiendo <u>su café</u>? _____

2. Vamos a vender <u>nuestra casa</u>. _____

3. ¿Ha oído <u>mis discos</u>? _____

4. Dejamos <u>nuestras maletas</u> en el hotel. _____

5. ¿Es éste <u>su pasaporte</u>? _____

6. He perdido <u>mis llaves</u>. _____

Exercise E

Rewrite these sentences in Spanish by using an appropriate comparative or superlative adjective.

1. The theater is more interesting than the movies.

   _____

   _____

2. It is the best wine in the world. _____

   _____

3. My older brother is taller. _____

   _____

4. He drives faster than I do. _____

   _____

5. He is the worst student in the school. _____

   _____

Rewrite these sentences by changing the verb into the present progressive (-ing form).

Ex.:
Ella escribe mucho. (ahora)
Ella **está escribiendo** mucho ahora.

1. Mi prima viaja mucho. (este mes) _____

_____

2. La secretaria habla francés. (ahora mismo) _____

_____

3. El agente ayuda a muchas personas. (hoy) _____

_____

4. Los italianos compran muchos helados. (este verano)

_____

_____

5. Los sobrinos de Anita leen libros interesantes. (hoy mismo)

_____

_____

Follow the time expressions included in the cues to provide an answer to each question.

Ex.:
¿Cuánto tiempo hace que usted vive aquí? (un año)
Vivo aquí **desde hace un año.**
Hace un año que vivo aquí.

1. ¿Cuánto tiempo hace que habla usted español? (seis semanas) _____

2. ¿Desde cuándo sabe usted usar el ordenador? (un mes)

_____

3. ¿Desde cuándo compran ellos café descafeinado? (año y medio) _____

4. ¿Desde cuándo estaba enfermo Antonio? (varios años)

_____

¿QUÉ ME PASA?
WHAT'S WRONG WITH ME?

Mucha gente está enferma. Casi todos tienen gripe. Don Ignacio es médico y en la sala de espera de su consulta vemos a Anita. Anita está muy cansada. David también quiere ver a Don Ignacio. Le duele la cabeza y no tiene ganas de comer, ni mucho menos de estudiar.
Many people are ill. Almost everyone has the flu. In Dr. Ignacio's waiting room, we can see Anita. Anita is very tired. David also wants to see Don Ignacio. He has a headache and does not feel like eating, let alone studying.

Don Ignacio	**Buenos días. ¿Cómo está?** *Good morning. How are you?*
Anita	**Estoy fatal. No puedo hacer nada… absolutamente nada…** *Dreadful. I can't do anything…absolutely nothing…*
Don Ignacio	**Tiéndase sobre la cama. ¿Qué le duele? Le voy a hacer un reconocimiento.** *Lie down on the bed. Where does it hurt? I'm going to examine you.*

Anita	Me duele la cabeza, me duele el vientre, me duele la espalda, me duele la garganta, me duelen los oídos…
	I have a headache, I have a stomachache, I have a backache, I have a sore throat, I have earache…
Don Ignacio	¿Tiene fiebre?
	Do you have a fever?
Anita	Pues no lo sé. No puedo trabajar y tengo tanto que hacer. No puedo hacer nada y si yo no estoy allí, nadie hace nada.
	Well, I don't know. I cannot work, and I have so much to do. I can't do anything, and if I'm not there, nobody does anything.
Don Ignacio	Tranquilícese, Anita, está muy estresada.
	Calm down, Anita, you're very stressed out.
Anita	¡Pero tengo mucho trabajo!
	But I have a lot of work!
Don Ignacio	Vuelva a casa. Lea un libro. Descanse. Coma mucha fruta y carne, muchas proteínas y vitaminas. No beba alcohol. No piense en el trabajo. Acuéstese temprano y levántese tarde.
	Go back home. Read a book. Rest. Eat a lot of fruit and meat, a lot of proteins and vitamins. Don't drink alcohol. Don't think about work. Go to bed early and get up late.
Anita	Pero me duele todo. ¿No me da medicinas?
	But I'm hurting all over. You're not giving me any medicine?
Don Ignacio	Es cuestión de estrés, nada más. Siga usted mis consejos. Vuelva en ocho días. ¿Está bien?
	It's just stress. Follow my advice. Come back in a week. OK?

El siguiente paciente entra en la oficina del doctor…
The next patient walks in the doctor's office…

Don Ignacio	Hola David, ¿Cómo estás?
	Hello, David. How are you?
David	Fatal. Es la primera vez que estoy así. ¿Qué me pasa?
	Dreadful. It's the first time I've felt like this. What's wrong with me?
Don Ignacio	Tiéndete sobre la cama. Te voy a hacer un reconocimiento… ¿Te duele aquí?
	Lie down on the bed. I'm going to examine you…Does it hurt here?

David	**Mucho. Muchísimo.** *A lot. A whole lot.*
Don Ignacio	**¿Te duele aquí?** *Does it hurt here?*
David	**Ahí también. Me duelen los ojos, me duele el vientre, me duelen las piernas, la espalda. Tengo fiebre.** *There too. My eyes hurt, my stomach, my legs, my back. I have a fever.*
Don Ignacio	**No es el primer caso que veo. Es una enfermedad bastante común entre estudiantes.** *It's not the first case I've seen. It's a fairly common disease.*
David	**¿Me voy a morir? ¿Será apendicitis?** *Am I going to die? Is it (literally: will it be) appendicitis?*
Don Ignacio	**Espera, déjame hablar.** *Wait, let me talk.*
David	**¿Será necesario ir de vacaciones?** *Do I need to take a vacation?*
Don Ignacio	**En absoluto. Es una enfermedad muy común cuando hay exámenes.** *Absolutely not. It's a very common illness during exam time.*
David	**¿Será fiebre glandular?** *Can it be glandular fever?*
Don Ignacio	**No, ni fiebre glandular, ni apendicitis; es que tienes miedo a los exámenes David. Toma mucho líquido, trata de descansar, acuéstate temprano y toma vitaminas. No salgas de noche, ni vayas a fiestas.** *No. Neither glandular fever, nor appendicitis, it's just that you're afraid of taking the exams. Drink plenty of liquids, but no alcohol. Try to rest. Go to bed early. Take some vitamins. Don't go out at night or go to parties.*
David	**Bueno, trataré de seguir sus consejos.** *All right, I'll try to follow your advice.*
Don Ignacio	**Sobre todo, no tomes alcohol. ¿De acuerdo?** *Above all don't drink any alcohol. OK?*

GRAMÁTICA / **GRAMMAR**

1. TÚ-USTED-VOSOTROS♂/VOSOTRAS♀-USTEDES / **YOU** (SINGULAR, PLURAL, FORMAL AND INFORMAL)

So far we have concentrated on using usted(es) for <u>you</u> (see Lesson 11) with the él/ella ending of the verb. Tú and vosotros♂/vosotras♀ (with their own verb endings) are used in Spain in informal situations and increasingly in more formal situations, even between strangers. Their use is less common in Latin American countries, and you will find considerable variation among countries. Tú is used throughout the Spanish speaking world in informal contexts. As with yo, él, etc., tú and vosotros♂/vosotras♀ are often omitted, but the verb ending identifies the fact that you are using the informal form.

Presente (present)	COMPRAR (to buy)	BEBER (to drink)	VIVIR (to live)
tú	compras	bebes	vives
vosotros♂/vosotras♀	compráis	bebéis	vivís
Imperfecto (imperfect)			
tú	comprabas	bebías	vivías
vosotros♂/vosotras♀	comprabais	bebíais	vivíais
Futuro (future)			
tú	comprarás	beberás	vivirás
vosotros♂/vosotras♀	compraréis	beberéis	viviréis
Pretérito (preterite)			
tú	compraste	bebiste	viviste
vosotros♂/vosotras♀	comprasteis	bebisteis	vivisteis
Condicional (conditional)			
tú	comprarías	beberías	vivirías
vosotros♂/vosotras♀	compraríais	beberíais	viviríais
Pluscuamperfecto (past perfect)			
tú	habías comprado	habías bebido	habías vivido
vosotros♂/vosotras♀	habíais comprado	habíais bebido	habíais vivido

Tú and **vosotros**♂/**vosotras**♀ have their own adjectives and pronouns:

Adjectives

Tu(s) means *your* and is used informally, speaking to one person.

tu casa y **tus** cosas
your house and your things

Vuestro♂/**vuestra**♀**(s)** means *your* and is used informally, speaking to several people.

vuestra casa y **vuestras** cosas
your house and your things

There are also strong adjectives which follow their noun:

este coche **tuyo** - *this car of yours*

estos coches **vuestros** - *these cars of yours*

Pronouns

The strong possessive pronouns are identical to the strong possessive adjectives as was seen in Lesson 15.

El mío no está bien, busca **el tuyo.**
Mine is not good, look for yours.

No me gusta **la mía,** sino **la vuestra.** (referring to a feminine object)
I don't like mine, but yours.

Mamá, ¿por qué no me **das tu** monedero? Quiero **el tuyo.**
Mom, why don't you give me your change purse? I want yours.

---

2. PRONOMBRES DIRECTO-INDIRECTO-REFLEXIVO / DIRECT-INDIRECT-REFLEXIVE PRONOUNS

For **tú** and **vosotros**♂/**vosotras**♀, the object pronoun (direct and indirect) is the same as the reflexive pronoun. This is very convenient, but remember that you will need to use the appropriate direct or indirect object pronouns or reflexive pronouns in other persons where there is a difference -le(s)/ lo(s)/la(s).

Object:

Te invito.
I invite you (singular).

Os invito.
I invite you (plural).

Te miramos.
We look at you (singular).

Os miramos.
We look at you (plural).

¿**Te** duele?
Does it hurt you (singular)?

¿**Os** gusta?
Do you (plural) like it?

In the previous examples, the subject and the object are clearly different persons: *I* invite *you*, etc.

Reflexive:

Te levantas.
You get (yourself) up.

Os laváis.
You wash (yourselves).

Te llamas Miguel.
You are called (call yourself) Miguel.

Os despertáis.
You wake up (yourself, not someone else).

These verbs would cease to be reflexive if the object were a different person, as in:

Me llaman Rosa.
They call me Rosa.

Despierto al bebé.
I wake the baby.

---

3. ME DUELE LA CABEZA / MY HEAD HURTS

Doler, which changes the stem to **ue** when conjugated (**duele**), uses the same construction as **gustar.** The pronouns to use with these verbs are:

me	nos
te	os
le	les

These are the indirect object pronouns.

¿Te duele, mamá?
Does it hurt, Mom?

Le duele el vientre.
His/Her stomach aches.

Notice that Spanish uses the definite article where English uses the possessive *my, his, her,* etc. This use occurs with parts of the body and also with clothing.

Tiene **la** camisa sucia.
His/Her shirt is dirty.

Do not confuse the reflexive with the indirect object:

Se lavó las manos.
He washed his hands (his own).

Su madre le lavó las manos.
His mother washed his hands.

---

4. LOS MANDATOS II / COMMANDS II

You already learned some command forms in Lesson 5. Here you saw how the **ustedes** command forms look like the present tense, changing the **-a** and -an of -ar verbs to -e and -en. Likewise, the -e and -en of -er and -ir verbs change to -a and -an. These are in fact the endings of the present subjunctive, which you will practice in detail in Lesson 18.

hablar	comer	escribir
(no) hable	(no) coma	(no) escriba
(no) hablen	(no) coman	(no) escriban
(don't) speak!	*(don't) eat!*	*(don't) write!*

Tú and vosotros♂/vosotras♀ commands in the negative also use the subjunctive, taking the appropriate ending.

Tú	No hables	No comas	No escribas
Vosotros♂/ vosotras♀	No habléis	No comáis	No escribáis
	Don't talk	*Don't eat*	*Don't write*

Tú and vosotros♂/vosotras♀ in the affirmative follow a different pattern. The tú form looks like the present form for él♂/ella♀.

habla	come	escribe

Verbs which have a change of stem vowel in the present have this same change in the command form.

comenzar *(to begin)*	comienza
volver *(to return)*	vuelve
pedir *(to ask [for])*	pide

Empieza a estudiar.
Start studying.

Lee y repite.
Read and repeat.

Habla despacio por favor.
Speak slowly please.

Certain common irregular verbs have a shortened irregular **tú** imperative:

poner *(to put)*	pon
decir *(to tell)*	di
ir *(to go)*	ve
ser *(to be)*	sé
salir *(to go out)*	sal
venir *(to come)*	ven

Ten cuidado.	*Be careful.*
Ven aquí.	*Come here.*
Sal ahora mismo.	*Leave right now.*
Sé prudente.	*Be sensible.*
Di la verdad.	*Tell the truth.*

All **vosotros**♂/**vosotras**♀ affirmative commands (even those of verbs having an irregularity in the **tú**) are regular in the plural, and resemble the infinitive, with the **-r** changed to **-d**.

hablar	comenzar	comer	poner	escribir	salir
habla**d**	comenza**d**	come**d**	pone**d**	escribi**d**	sali**d**

Sed buenos.
Be good.

Venid mañana.
Come tomorrow.

Haced esto.
Do this.

5. NI...NI... / NEITHER...NOR

If ni...ni appears after a verb, it must be preceded by no. Take a look at the following examples:

Ni Juan ni José vendrán.
No vendrán ni Juan ni José.
Neither Juan nor José will come.

Ni Francia ni Portugal producen petróleo.
No producen petróleo ni Francia ni Portugal.
Neither France nor Portugal produces oil.

---

6. SINGULAR/PLURAL / SINGULAR/PLURAL

Note that some words which are singular in English may be plural in Spanish.

el consejo	*advice*
los consejos	*advice (general term)*
el mueble	*piece of furniture*
los muebles	*furniture (general term)*
la noticia	*piece of news*
las noticias	*news (general term)*

VOCABULARIO / VOCABULARY

la consulta: doctor's office
el médico♂/la médica♀: physician
la gripe: flu
la sala de espera: waiting room
la cuestión: question; problem
el estrés: stress
fatal: dreadful
grave: serious
la cabeza: head
el vientre: abdomen
la espalda: back
la garganta: throat
los oídos: ears
la fiebre: fever

el caso: case
la medicina: medicine
el consejo: advice
la proteína: protein
la vitamina: vitamin
el alcohol: alcohol
la fruta: fruit
la carne: meat
doler (ue): to hurt
Me duele la mano.: My hand hurts.
valer: to be worth
tomar: to pick up
descansar: to rest
acostarse: to go to bed
ni mucho menos: far from it
o sea...: that's to say..., or rather...
tarde: late
así: like this
la enfermedad: sickness
la apendicitis: appendicitis
prepararse: to get oneself ready
el examen: examination
el monedero: change purse
prudente: sensible
el bebé: baby
sucio♂/sucia♀: dirty
el petróleo: oil (crude)
tenderse: to lie down
morir: to die
el reconocimiento: medical examination
la pierna: leg
la fiebre glandular: glandular fever
el examen: examination
la cama: bed

EJERCICIOS / **EXERCISES**

Exercise A

Answer the questions below using the information from this lesson's dialogue.

1. ¿Por qué está en la consulta don Ignacio? _____

_____

2. ¿Quiénes son las otras personas que están allí?

_____

3. ¿Qué le duele a Anita? _____

4. ¿Cuáles son los consejos de don Ignacio? _____

_____

5. ¿Don Ignacio le da medicina? _____

_____

6. ¿Qué enfermedad tiene Anita? _____

_____

7. ¿Qué grupo de personas tiene la enfermedad de David?

_____

8. Don Ignacio dice que hay una cosa que David no debe hacer. ¿Cuáles son sus palabras exactas? _____

_____

Exercise B

Rewrite these expressions with the appropriate **tú** and **vosotros** commands. Follow the model to guide you.

Ex.:
(Comprar) _____ vitaminas.
Compra vitaminas.
Comprad vitaminas.

(Comer) _____ mucha fruta.

Come mucha fruta.
Comed mucha fruta.

1. (Tomar) _____ mucho líquido.

2. (Beber) _____ vino.

3. (Descansar) _____ en casa.

4. (Llegar) _____ temprano.

5. (Salir) _____ ahora mismo.

6. (Venir) _____ conmigo.

Contradict each of the following statements as shown in the model.

Ex.:
Invita a Lola.
No invites a Lola.

1. Toma mucho vino.
   No _____.

2. Fuma estos cigarrillos.
   No _____.

3. Habla español.
   No _____.

4. Mira el periódico.
   No _____.

5. Contesta ahora.
   No _____.

6. Llega a las seis.
   No _____.

Rewrite these sentences with the appropriate possessive forms as indicated.

Ex.:
Yo tengo mi mapa y él tiene su mapa.
Yo tengo **el mío** y él tiene **el suyo.**

1. Tú pagas tu café y ellos compran su café. _____

2. Buscamos nuestras llaves y tú buscas tus llaves.

   _____

3. Yo escribo a mi familia y vosotros escribís a vuestra familia.

   _____

4. El invita a sus amigos y ella invita a sus amigas.

   _____

5. Leo mis libros y ustedes leen sus libros. _____

Visit www.berlitzpublishing.com for a bonus internet activity—go to the downloads section and connect to the world in Spanish!

18

¿QUÉ DESEA?
MAY I HELP YOU?

Un caballero está mirando la sección de zapatos en unos grandes almacenes. Un dependiente se le acerca.
A gentleman is browsing through the shoe section at a department store. A sales clerk approaches him.

Dependiente	**¿Qué desea?** *May I help you?*
Cliente	**Quisiera probarme unos zapatos.** *I'd like to try on some shoes.*
Dependiente	**Sí, señor. ¿Cuáles?** *Yes sir. Which ones?*
Cliente	**Aquellos a mano derecha, los negros.** *Those on the right, the black ones.*
Dependiente	**¿Qué número?** *What size?*
Cliente	**El cuarenta y cuatro.** *Size ten.*

Dependiente El cuarenta y cuatro en negro. No sé si quedan. Voy a ver.
Size ten in black. I don't know if there are any left. I'll go and see.

Algunos minutos después, el dependiente vuelve sin zapatos.
A few minutes later the sales clerk returns without any shoes.

Dependiente Lo siento. No quedan.
I'm sorry. There aren't any left.

Cliente ¡Qué lástima! Hace mucho tiempo que quiero comprar este estilo.
What a pity! I've been wanting to buy that style for a long time.

Dependiente Si quiere dejar su nombre le puedo llamar cuando lleguen más zapatos.
If you want to leave your name, I can call you when more shoes arrive.

Cliente Usted es muy amable.
You are very kind.

Dependiente O si prefiere, puede probarse otro estilo.
Or if you prefer, you can try another style.

Cliente A ver. Es esencial que sean negros. Prefiero que no tengan el tacón demasiado grande…y que no cuesten demasiado.
Let's see. They have to be black. I'd prefer them without too much heel…and not too expensive.

Dependiente Si quiere que le muestre otros…es posible que le gusten éstos, están muy de moda.
If you want me to show you others…maybe you'll like these, they are very fashionable.

Cliente Será mejor que me llame cuando tenga más.
It'll be best if you call me when you have more.

Dependiente Muy bien señor. Antes de que se vaya, voy a escribir su nombre…o si usted quiere escribir aquí su nombre y su número de teléfono, le llamaremos en cuanto los tengamos.
Very well, sir. Before you go I'll write down your name…or if you want to write your name and telephone number here, we'll call you as soon as we have them.

Cliente	**Aquí tiene mi nombre y mi número de teléfono. Muchas gracias. Y, ¿dónde podré encontrar la sección de regalos...recuerdos, o lo que sea?** *Here's my name and telephone number. Many thanks. And where can I find the gifts section...or souvenirs, or whatever it is?*
Dependiente	**Pase por allí...Allí está la escalera mecánica. Suba hasta la tercera planta.** *Go through there...There's the escalator. Go up to the third floor.*
Cliente	**Gracias. Hasta otro día. ¡Llame me pronto!** *Thanks. See you another day. Call me soon!*

GRAMÁTICA / GRAMMAR

1. EL SUBJUNTIVO: PRESENTE - FORMAS REGULARES / THE SUBJUNCTIVE: PRESENT-REGULAR FORMS

In Lesson 5 and Lesson 17, you were introduced to the present subjunctive endings. All the usted(es) commands and the tú and vosotros♂/vosotras♀ commands in the negative are taken from the present subjunctive, some of whose other uses are explained in this chapter and in Lesson 19.

PRESENTE DE SUBJUNTIVO: FORMA

hablar *to speak*	comer *to eat*	escribir *to write*
hable	coma	escriba
hables	comas	escribas
hable	coma	escriba
hablemos	comamos	escribamos
habléis	comáis	escribáis
hablen	coman	escriban

In -ar verbs, take the first person singular of the present indicative (hablo), remove the ending and substitute with the endings -e, -es, -e, -emos, -éis, -en. In -er and -ir verbs, remove the ending and substitute with the endings -a, -as, -a, -amos, -áis, -an.

In a stem-changing verb, the stem change takes place in the present subjunctive in the same persons as in the present indicative.

poder can	volver to return	comenzar to start
pueda	vuelva	comience
puedas	vuelvas	comiences
pueda	vuelva	comience
podamos	volvamos	comencemos
podáis	volváis	comencéis
puedan	vuelvan	comiencen

Some verbs have a spelling change:

comenzar > **comience**

pagar > **pague**

sacar > **saque**

The spelling is changed to retain the sound of the infinitive.

2. EL SUBJUNTIVO: FORMAS IRREGULARES / THE SUBJUNCTIVE: IRREGULAR FORMS

The rule for the formation of the present subjunctive applies also to the majority of the irregular verbs, which have the same irregularity in the present subjunctive as in the first person (**yo**) of the present indicative.

	INDICATIVE	SUBJUNCTIVE
caer *to fall*	caigo	caiga
decir *to tell*	digo	diga
hacer *to do*	hago	haga
oír *to hear*	oigo	oiga
poner *to put*	pongo	ponga

salir *to go out*	salgo	salga
tener *to have*	tengo	tenga
traer *to bring*	traigo	traiga
venir *to come*	vengo	venga

The rule does not apply to verbs whose first person singular in the present indicative does not end in -o. You already learned sea from ser in the dialogue.

dar *to give*	estar *to be*	haber *there is/are*	ir *to go*	ser *to be*
dé	esté	haya	vaya	sea
des	estés	hayas	vayas	seas
dé	esté	haya	vaya	sea
demos	estemos	hayamos	vayamos	seamos
deis	estéis	hayáis	vayáis	seáis
den	estén	hayan	vayan	sean

3. USO DEL SUBJUNTIVO DESPUÉS DE CIERTOS VERBOS / USE OF THE SUBJUNCTIVE AFTER CERTAIN VERBS

The subjunctive is a mood, with various tenses. In English, we seldom use it, and when we do, we often do not recognize it. For example, "Long *live* the President," and "If I *were* you" are both subjunctives. In Spanish you cannot avoid using the subjunctive. It has many other uses as well as providing all the command forms for usted(es) and, for tú and vosotros♂/vosotras♀, in the negative.

In certain cases, the present subjunctive replaces the present indicative. It is used:

(a) after verbs of wishing/wanting/preferring

Quiere que le **visite** en Guadalajara.
He wants me to visit him in Guadalajara.

¿Prefieres que **comamos** fuera?
Do you prefer us to eat outside?

No quiero que me **esperen.**
I don't want you to wait for me.

(b) after verbs of emotion or reaction (hope, regret, sorrow, joy, surprise, fear, worry)

Estoy contento de que **puedas** venir.
I'm glad that you can come.

Es una lástima que no los **tengan.**
It's a shame that they don't have them.

Me sorprende que no **haga** sol.
I'm surprised that it's not sunny.

(c) after verbs commanding or instructing, giving permission or advice.

Me dice que yo **venga.**
He tells me to come.

Nos pide que **salgamos.**
He asks us to leave.

El médico le aconseja que no **tome** alcohol.
The doctor advises him/her not to have any alcohol.

Note:

1. When **decir** means *to tell* in the sense of *to relate*, it does not require the subjunctive.

Dice que llegó tarde.
He says he arrived late.

2. The subjunctive is used after the verbs mentioned when the subject of the main clause is different from the subject of the dependent clause.

Quiero **leer.**
I want to read.
but
Quiero que **leas.**
I want you to read.

Prefieren **comprar** éstos.
They prefer to buy these.
but
Prefieren que **compremos** éstos.
They prefer us to buy these.

4. USO DEL SUBJUNTIVO DESPUÉS DE: CUANDO, HASTA QUE, EN CUANTO, ANTES DE QUE / USE OF THE SUBJUNCTIVE AFTER: WHEN, UNTIL, AS SOON AS, BEFORE

When **cuando** (*when*) and **hasta que** (*until*) refer to future time, they are followed by the subjunctive, as in **en cuanto** (*as soon as*). **Antes de que** (*before*) is always followed by the subjunctive. **Si** (*if*) is never followed by the present subjunctive, but by the present indicative.

Contrast:
Cuando **voy allí,** siempre hace buen tiempo.
When(ever) I go there, the weather is always good.

and
Cuando **tenga** dinero, iré a Venezuela.
When I have money, I'll go to Venezuela.

or
En cuanto ellos **lleguen,** volveré.
As soon as they arrive, I'll return.

or
Antes de que ustedes **vayan** a España deben venir a verme.
Before you go to Spain, you must come see me.

---

5. EXPRESIONES IMPERSONALES / IMPERSONAL EXPRESSIONS

Certain impersonal expressions are also followed by the subjunctive, among them:

es (im)posible que	*it is (im)possible that*
es probable que	*it is probable that*
es esencial que	*it is essential that*
es mejor que	*it is better that*
más vale que	*it is better that*
conviene que	*it is convenient that*
es preciso que	*it is necessary that*
es necesario que	*it is necessary that*
hace falta que	*it is necessary that*

Es posible que le **gusten** éstos.
It is possible (that) he will like these.

Más vale que **llame** usted.
It is better for you to call.

Conviene que no **cuesten** demasiado.
It is best that they do not cost too much.

Note:

1. Instead of saying, for example, "It is better that...," English often says "It is better for me/him/her/us/them to..."
You may find it easier to remember the Spanish construction by remembering the English alternative of "It is better that."

2. The infinitive can, however, be used in Spanish when the verb is used impersonally (i.e. no reference to *me*, *you*, etc.)

Es imposible hacerlo mañana.
It is impossible to do it tomorrow.

Es preciso pagar mañana.
It is essential to pay tomorrow.

3. Expressions of certainty do not take the subjunctive except when used negatively.

Es cierto que **irá**.
It is certain he will go.

No es cierto que **vaya**.
It is not certain he will go.

---

6. ¡TODO LO CONTRARIO! / **JUST THE OPPOSITE!**

Learning opposites is a very effective way of remembering words and increasing your vocabulary. You will also find it easier to learn words in the context of a sentence. Note that the vowels in parentheses indicate the change some of these verbs undergo in their stem when conjugated.

divertirse (ie)	to enjoy oneself
aburrirse	to get bored
acostarse (ue)	to go to bed
despertarse (ie)	to wake up

levantarse	to get up
igual	alike
mismo♂/misma♀	same
diferente	different
distinto♂/distinta♀	different
dentro	inside
fuera	outside
joven	young
viejo♂/vieja♀	old
tarde	late
temprano	early

ir a + infin. = to be going to + infin.
acabar de + infin. = to have just + past participle

Estos zapatos no son **iguales;** son **diferentes.**
These shoes are not the same; they are different.

No es el **mismo** estilo. Es **distinto.**
It is not the same style. It is different.

Mi primo es **joven** y mi prima es **joven.** Son **jóvenes.**
My male cousin is young and my female cousin is young. They are young.

El lunes no podemos **acostarnos tarde.** El martes tenemos que
levantarnos temprano.
On Monday we cannot go to bed late. On Tuesday we have to get up early.

Van a visitar el centro.
They are going to visit the center.

Acaban de visitar el centro.
They have just visited the center.

VOCABULARIO / **VOCABULARY**

el dependiente♂/la dependienta♀: salesperson
el cliente♂/la clienta♀: customer
el número: size, number
el estilo: style

el regalo: gift
el tacón: heel
el zapato: shoe
la moda: fashion
estar de moda: to be in fashion
mostrar (ue): to show
probar (ue): to try
la derecha: right
la izquierda: left
la escalera mecánica: escalator
Conviene que...: It is convenient that...
¡Qué lástima!: What a pity!
en cuanto: as soon as
más: more
más vale que...: it is better that...
caer: to fall
el uso: use
rogar: to ask, beg
divertirse (ie): to enjoy oneself
aburrirse: to get bored
distinto ♂/distinta ♀: different
diferente: different
igual: alike
despertarse (ie): to wake up
dentro: inside
fuera: outside

EJERCICIOS / EXERCISES

Answer the questions below using the information from this lesson's dialogue.

1. ¿Cuál es la primera pregunta del dependiente?

_____

2. ¿Qué contesta el señor? _____

_____

3. ¿Qué número quiere? _____

4. El dependiente tiene una idea. ¿Cuál es? _____

_____

5. Describa los zapatos ideales del señor. Empiece con "Es esencial que..." _____

Exercise A

6. ¿Cuál es la sección del almacén que el cliente necesita
ahora? _____

Complete each sentence with the appropriate form of the verb in
parentheses in the present subjunctive.

1. Queremos que usted _____ (abrir) la puerta.

2. Prefiero que ellos _____ (beber) cerveza.

3. Quieren que tú _____ (reservar) una mesa.

4. Quiere que ustedes _____ (comprar) unas flores.

5. Rogamos que ustedes _____ (llegar) a las dos.

6. Quieren que ellos _____ (probar) la carne.

7. Quiero que ellas _____ (pagar) la cuenta.

8. Prefiero que tú _____ (buscar) el vino.

Change the verb in parentheses to an appropriate subjunctive form
in order to complete the sentences below.

1. Estamos contentos de que ella _____ (venir).

2. Estamos contentos de que ustedes _____
(aceptar) el regalo.

3. Estamos contentos de que él _____ (preferir) este
restaurante.

4. Están contentos de que nosotros _____ (visitar) el
museo.

5. Estoy contento de que usted _____ (vivir) aquí.

6. Sentimos que ellos no _____ (poder) venir.

7. Siento que nosotros _____ (tener) que irnos.

8. Sienten que el coche no _____ (funcionar).

9. Es mejor que ella _____ (preparar) la cena.

10. Conviene que los niños no _____ (ir) a los grandes
almacenes.

Visit www.berlitzpublishing.com for a bonus internet
activity—go to the downloads section and connect to the
world in Spanish!

¡BUEN PROVECHO!
ENJOY YOUR MEAL!

Pablo Martínez ha invitado a David y a Anita a cenar.
Están en un restaurante. En la mesa se ven copas, vasos,
tenedores, cucharas, cuchillos, muchas tapas (chorizo,
aceitunas, croquetas, jamón, pulpo, calamares, butifarra,
y botellas de vino tinto y agua mineral).

Pablo Martínez has invited David and Anita to dinner. They are
at a restaurant. On the table are wine glasses, glasses, forks,
spoons, knives, many appetizers (salami, olives, croquettes,
ham, octopus, squid, sliced sausage and bottles of red wine
and mineral water).

> David ¡Salud! A mis profesores y a estos amigos tan
> buenos.
> *Cheers! To my teachers and to these excellent*
> *friends.*

> Anita ¡Salud! David, sírvete, toma más pulpo, o
> calamares o lo que quieras.
> *Cheers! David, help yourself, have some more*
> *octopus or squid or whatever you like.*

Señor Martínez	¿Te echo más vino? No hagas ceremonias. Estás en tu casa.
	Shall I give you more wine? Don't stand on ceremony. Make yourself at home.
Anita	David, ¿estás mejor? Estuvimos los dos en la consulta de Don Ignacio, ¿te acuerdas?
	David, are you better? We were both at Don Ignacio's office. Do you remember?
David	Sí, ya estoy mejor, casi. Don Ignacio dice que no es nada grave.
	Yes, I'm better now, almost. Don Ignacio says it's not anything serious.
Señor Martínez	Anita, ¿tú no estás bien? ¿Dices que estuviste en la consulta?
	Anita, you're not well? You said that you were at the doctor's office?
Anita	¿Yo? Desde hace unos días no tengo ganas de salir. No me interesa nada. Estoy cansada.
	Me? For a few days I've not wanted to go out. I'm not interested in anything. I'm tired.
Señor Martínez	Y ¿qué dice que es?
	And what does he say it is?
Anita	¡Estrés! (risas) Dice que no tome alcohol (más risas), que pase el día leyendo, que me acueste temprano, que coma mucha fruta, que no vaya al trabajo…
	Stress! (laughter) He tells me not to have any alcohol (more laughter), to spend the day reading, to go to bed early, to eat a lot of fruit, and not to go to work.
Señor Martínez	¡Caramba! ¿Que no tomes alcohol? ¿Entonces te echo más vino? (más risas)
	Oh boy! Not to have any alcohol? Shall I give you more wine then? (more laughter)
Anita	En serio, no puedo.
	Seriously, I can't.
Señor Martínez	En serio, el vino es bueno para la salud.
	Seriously, wine is good for one's health.
Anita	David, ¿qué te dijo Don Ignacio?
	David, what did Don Ignacio say to you?

David   Estaba fatal. ¿Y qué me dijo? Tiéndete sobre la cama, te voy a hacer un reconocimiento…y luego le dije, "me duele el vientre, me duelen los oídos y quiero algo que me quite el dolor".
I felt dreadful. And what did he say to me? Lie down on the bed…I'm going to examine you…and then I told him, "I've a stomachache, an earache and I want something to take away the pain."

Anita   ¿Te dio antibióticos?
Did he give you antibiotics?

David   ¡Ni hablar! Dijo…no me acuerdo de la palabra…
No way! He said…I can't remember the word…

Señor Martínez   ¿Fiebre glandular? ¿Apendicitis?
Glandular fever? Appendicitis?

David   A ver…Sí, enfermo…enfermedad, que es una enfermedad común entre los estudiantes. Ese loco cree que estoy nervioso…por los exámenes. (risas)
Let's see…Yes, ill…illness, that it's a common illness among students. That madman thinks I'm uptight because of the exams. (laughter)

Anita   Y tú, estudiante del año y todo.
And you, student of the year and all.

David   Y dijo, "trata de descansar, acuéstate temprano, no salgas de noche, ni vayas a fiestas, toma vitaminas, y no tomes alcohol."
He said, "Try to rest, go to bed early, don't go out at night or to parties, have some vitamins and don't have any alcohol."

Anita   Lo mismo que a mí. (risas)
The same he said to me. (laughter)

David   Lo peor fue que dijo que esta enfermedad es muy común entre los estudiantes que no se han preparado para los exámenes.
The worst thing was that he said that this illness is very common among those students who have not gotten ready for the exams.

Señor Martínez   En tu caso no creo que sea verdad.
In your case I don't think it's true.

Anita   ¡Qué loco, este Don Ignacio!
What a madman, this Don Ignacio!

Señor Martínez   Camarero, traiga más vino por favor. Esta noche tenemos que celebrar.

> *Waiter, bring more wine please. Tonight we have to celebrate.*
>
> Anita **Por los buenos resultados de David.**
> *To David's good results.*

GRAMÁTICA / GRAMMAR

1. PRESENTE DE SUBJUNTIVO: DESPUÉS DE UN ANTECEDENTE INDEFINIDO / PRESENT SUBJUNCTIVE: AFTER AN INDEFINITE ANTECEDENT

One of the uses of the present subjunctive occurs when *which* or *who* refer to someone or something vague, who/which may not exist. Study the following examples:

Busco **algo que** quite el dolor.
I'm looking for something to take away the pain. (of such a kind as may...)

Necesito **un intérprete** que sepa hablar japonés.
I need an interpreter who can speak Japanese. (of such a kind as can...)

Te daré lo que **quieras.**
I'll give you what you want. (what you may happen to want)

Quiero un empleo **que esté** bien pagado.
I want a job that is well paid. (of such a kind as may be...)

Busco una casa **que tenga** piscina y pista de tenis.
I am looking for a house with a swimming pool and tennis court. (of such a kind as may happen to have...)

Contrast the above which all mean "of such a kind as may be/have," referring to things not actually known to exist, with the following which refer to a specific identifiable person or object.

Busco **la** medicina que quita el dolor.
I'm looking for the medicine that takes away the pain.

Busco **la** casa que tiene piscina y una pista de tenis.
I'm looking for the house with a swimming pool and tennis court.

Necesito **al** intérprete que sabe hablar japonés.
I need the interpreter who knows how to speak Japanese.

Note that personal a is used in this last example to refer to a specific person.

2. PRESENTE DE SUBJUNTIVO: DESPUÉS DE UN ANTECEDENTE NEGATIVO / PRESENT SUBJUNCTIVE: AFTER A NEGATIVE ANTECEDENT

When the verb is preceded by a negative antecedent, the subjunctive is used. Study the following examples.

No hay **nada que podamos** hacer.
There is nothing that we can do. (of such a kind as we may be able to do)

No encuentro **a nadie** que me ayude.
I cannot find anyone who can help me. (of such a kind as may be able to help me)

No hay **nadie que sepa** lo difícil que es.
There is nobody who knows how difficult it is. (of such a kind as may happen to know)

---

3. PRESENTE DE SUBJUNTIVO: DESPUÉS DE QUIZÁS, TAL VEZ / PRESENT SUBJUNCTIVE: AFTER *QUIZÁS* OR *TAL VEZ*

Normally this use occurs when there is a considerable amount of doubt or uncertainty about the outcome.

Quizás **sepan** algo.	*Maybe they know something.*
Quizás **saben** algo.	*Maybe they know something.*

In the first example it is seen as less likely that they *will* know something. Remember that in this case the use of the indicative or the subjunctive depends on the perception or point of view of the speaker.

---

4. PRESENTE DE SUBJUNTIVO: DESPUÉS DE NO CREER, NO DECIR, DUDAR / PRESENT SUBJUNCTIVE: AFTER VERBS OF THINKING / SAYING IN NEGATIVE OR QUESTION FORM

No creo que **llueva.**
I don't think it will rain.

No digo que **sea** imposible.
I'm not saying it is impossible.

Dudo que **tengamos** tiempo.
I doubt whether we have time.

5. PRESENTE DE SUBJUNTIVO: DESPUÉS DE PARA QUE, DE MODO QUE / PRESENT SUBJUNCTIVE: AFTER *PARA QUE* OR *DE MODO QUE*

The present subjunctive is used after para que or de modo que, to indicate purpose.

Te lo explicaré **para que** lo **sepas**.
I'll explain it to you so that you know.

Vamos al almacén **para que busquen** los zapatos.
We'll go to the store so you can look for shoes.

---

6. PRESENTE PERFECTO DE SUBJUNTIVO / SUBJUNCTIVE: PRESENT PERFECT

The present perfect in the subjunctive mood is formed from the present subjunctive of haber (haya, hayas, haya, hayamos, hayáis, hayan) together with the past participle of the main verb. It is used in the same circumstances as the present subjunctive, but when the tense is perfect (have, has eaten/left etc.).

Siento que no **hayas podido** comprarlo.
I'm sorry you have not been able to buy it.

Es imposible que no se **hayan acordado**.
It is impossible that they have not remembered.

No creo que **hayamos perdido** la dirección.
I do not think we have lost the address.

---

7. MANDATOS: POSICIÓN DEL PRONOMBRE / COMMANDS: PRONOUN POSITION

Pronouns (direct/indirect object and reflexive) always follow the affirmative command.

¡Démelo!	*Give it to me!*
¡Levántese!	*Get up!*
¡Dígame!	*Hello!* (when answering the telephone)
¡Cuéntanoslo!	*Tell us!* (it)

However, they precede the negative command.

¡No me lo des!	*Don't give it to me!*
¡No se levante!	*Don't get up!*
¡No me diga!	*You don't say!*

In Peninsular Spanish (of Spain), where vosotros♂/vosotras♀ is used, pronouns follow this pattern listed below:

In reflexive verbs when -os is added to the vosotros♂/vosotras♀ form command, the final -d is dropped:

| ¡Levantáos! | *Get up!* |
| ¡Sentáos! | *Sit down!* |

VOCABULARIO / VOCABULARY

¡Que aproveche!: Enjoy your meal!
el chorizo: salami-style sausage
el pulpo: octopus
los calamares: squid
la aceituna: olive
la butifarra: sausage
la croqueta: croquette
el agua mineral con gas: carbonated mineral water
el agua mineral sin gas: still mineral water
¡Salud!: Cheers!
la risa: laughter
echar: to pour; to throw
hacer ceremonias: to stand on ceremony
Estás en tu casa.: Make yourself at home.
servirse (i): to help oneself (at table)
¿Te acuerdas?: Do you remember?
un par: a pair
¡Caramba!: Oh boy!
en serio: seriously
contar: to tell, relate
¡No me digas!: You don't say!
el antibiótico: antibiotic
ya: now, already
celebrar: to celebrate
el resultado: result
mejorarse: to get better
estar nervioso♂/estar nerviosa♀: to be uptight, nervous

213

quitar: to take away
el dolor: pain
el♂/la♀ intérprete: interpreter
interesar: to interest
temer: to fear
inteligente: intelligent
económico♂/económica♀: economical
rico♂/rica♀: rich
el vaso: glass
la copa: wine glass, sherry glass, etc.
alquilar: to hire, to rent

EJERCICIOS / **EXERCISES**

Exercise A

Answer the questions below using the information from this lesson's dialogue.

1. ¿Qué se dice al empezar a comer? _____

2. ¿Qué hacen Pablo Martínez, David y Anita? _____

3. Describa lo que hay en la mesa. _____

4. ¿Quién es don Ignacio? _____

5. ¿Quiénes habían estado enfermos? _____

6. ¿Hace mucho tiempo que Anita está enferma?

_____

Exercise B

Rewrite the sentences below with the underlined verb in the present subjunctive.

Ex.:
No conozco a nadie que <u>ir</u> a España.
No conozco a nadie que **vaya** a España.

1. No conozco a nadie que <u>tener</u> tanto dinero. _____

_____

2. No conozco a nadie que me <u>decir</u> la verdad.

_____

3. No conocemos a nadie que <u>querer</u> venir._____

_____

4. No vemos a nade que <u>poder</u> ayudarnos. _____

_____

5. No hay nada que le <u>gustar</u>._____

_____

6. No hay nada que ellos <u>temer</u> más. _____

_____

7. No hay nada que ellos <u>preferir</u>._____

_____

8. No hay nada que les <u>ser</u> interesante. _____

_____

9. No tenemos nada que te <u>interesar</u>. _____

_____

10. No podemos regalarles nada que ellos ya no <u>tener</u>.

_____

Rewrite the sentences below with the underlined verb in the present subjunctive.

1. Buscamos unos estudiantes que <u>querer</u> aprender.

_____

2. Busco unas secretarias que <u>ser</u> simpáticas e inteligentes.

_____

3. Buscan un coche que <u>ser</u> económico. _____

_____

4. El médico quiere hablar con un intérprete que <u>hablar</u> ruso.

_____

5. Quiero hablar con alguien que me <u>ayudar</u>._____

_____

Exercise C

6. Queremos llamar a alguien que nos <u>aconsejar</u>.

_____

7. Queremos invitar a alguien que <u>querer</u> conocer la ciudad.

_____

8. Prefiero ver a un médico que <u>comprender</u> la situación.

_____

9. Prefiero un trabajo que <u>tener</u> muchas vacaciones.

_____

10. Es necesario alquilar un apartamento que <u>estar</u> en el centro.

_____

Visit www.berlitzpublishing.com for a bonus internet activity—go to the downloads section and connect to the world in Spanish!

REVIEW: LESSONS 17-19

LEA Y ESCUCHE LOS DIÁLOGOS DE LAS UNIDADES 17-19 PARA PRACTICAR LA PRONUNCIACIÓN Y EL VOCABULARIO APRENDIDO.

Dialogue 17

Mucha gente está enferma. Casi todos tienen gripe. Don Ignacio es médico y en la sala de espera de su consulta vemos a Anita. Anita está muy cansada. David también quiere ver a don Ignacio. Le duele la cabeza y no tiene ganas de comer, ni mucho menos de estudiar.

Don Ignacio	**Buenos días. ¿Cómo está?**
Anita	**Estoy fatal. No puedo hacer nada... absolutamente nada...**
Don Ignacio	**Tiéndase sobre la cama. ¿Qué le duele? Le voy a hacer un reconocimiento.**

Anita	Me duele la cabeza, me duele el vientre, me duele la espalda, me duele la garganta, me duelen los oídos...
Don Ignacio	¿Tiene fiebre?
Anita	Pues no lo sé. No puedo trabajar y tengo tanto que hacer. No puedo hacer nada y si yo no estoy allí, nadie hace nada.
Don Ignacio	Tranquilícese, Anita, está muy estresada.
Anita	¡Pero tengo mucho trabajo!
Don Ignacio	Vuelva a casa. Lea un libro. Descanse. Coma mucha fruta y carne, muchas proteínas y vitaminas. No beba alcohol. No piense en el trabajo. Acuéstese temprano y levántese tarde.
Anita	Pero me duele todo. ¿No me da medicinas?
Don Ignacio	Es cuestión de estrés, nada más. Siga usted mis consejos. Vuelva en ocho días. ¿Está bien?

El siguiente paciente entra en la oficina del doctor...

Don Ignacio	Hola David, ¿Cómo estás?
David	Fatal. Es la primera vez que estoy así. ¿Qué me pasa?
Don Ignacio	Tiéndete sobre la cama. Te voy a hacer un reconocimiento...¿Te duele aquí?
David	Mucho. Muchísimo.
Don Ignacio	¿Te duele aquí?
David	Ahí también. Me duelen los ojos, me duele el vientre, me duelen las piernas, la espalda. Tengo fiebre.
Don Ignacio	No es el primer caso que veo. Es una enfermedad bastante común entre estudiantes.
David	¿Me voy a morir? ¿Será apendicitis?
Don Ignacio	Espera, déjame hablar.
David	¿Será necesario ir de vacaciones?
Don Ignacio	En absoluto. Es una enfermedad muy común cuando hay exámenes.
David	¿Será fiebre glandular?
Don Ignacio	No, ni fiebre glandular, ni apendicitis, es que tienes miedo a los exámenes David. Toma mucho líquido, trata de descansar, acuéstate temprano y toma vitaminas. No salgas de noche, ni vayas a fiestas.

| David | Bueno, trataré de seguir sus consejos. |
| Don Ignacio | Sobre todo, no tomes alcohol. ¿De acuerdo? |

Dialogue 18

Un caballero está mirando la sección de zapatos en unos grandes almacenes. Un dependiente se le acerca.

Dependiente	¿Qué desea?
Cliente	Quisiera probarme unos zapatos.
Dependiente	Sí, señor. ¿Cuáles?
Cliente	Aquellos a mano derecha, los negros.
Dependiente	¿Qué número?
Cliente	El cuarenta y cuatro.
Dependiente	El cuarenta y cuatro en negro. No sé si quedan. Voy a ver.

Algunos minutos después, el dependiente vuelve sin zapatos.

Dependiente	Lo siento. No quedan.
Cliente	¡Qué lástima! Hace mucho tiempo que quiero comprar este estilo.
Dependiente	Si quiere dejar su nombre le puedo llamar cuando lleguen más zapatos.
Cliente	Usted es muy amable.
Dependiente	O si prefiere, puede probarse otro estilo.
Cliente	A ver. Es esencial que sean negros. Prefiero que no tengan el tacón demasiado grande...y que no cuesten demasiado.
Dependiente	Si quiere que le muestre otros...es posible que le gusten éstos, están muy de moda.
Cliente	Será mejor que me llame cuando tenga más.
Dependiente	Muy bien señor. Antes de que se vaya, voy a escribir su nombre...o si usted quiere escribir aquí su nombre y su número de teléfono, le llamaremos en cuanto los tengamos.
Cliente	Aquí tiene mi nombre y mi número de teléfono. Muchas gracias. Y, ¿dónde podré encontrar la sección de regalos...recuerdos, o lo que sea?

> *Dependiente* Pase por allí…Allí está la escalera mecánica. Suba hasta la tercera planta.
>
> *Cliente* Gracias. Hasta otro día. ¡Llame me pronto!

 ## Dialogue 19

Pablo Martínez ha invitado a David y a Anita a cenar. Están en un restaurante. En la mesa se ven copas, vasos, tenedores, cucharas, cuchillos, muchas tapas (chorizo, aceitunas, croquetas, jamón, pulpo, calamares, butifarra, y botellas de vino tinto y agua mineral).

> *David* ¡Salud! A mis profesores y a estos amigos tan buenos.
>
> *Anita* ¡Salud! David, sírvete, toma más pulpo, o calamares o lo que quieras.
>
> *Señor Martínez* ¿Te echo más vino? No hagas ceremonias. Estás en tu casa.
>
> *Anita* David, ¿estás mejor? Estuvimos los dos en la consulta de Don Ignacio, ¿te acuerdas?
>
> *David* Sí, ya estoy mejor, casi. Don Ignacio dice que no es nada grave.
>
> *Señor Martínez* Anita, ¿tú no estás bien? ¿Dices que estuviste en la consulta?
>
> *Anita* ¿Yo? Desde hace unos días no tengo ganas de salir. No me interesa nada. Estoy cansada.
>
> *Señor Martínez* Y ¿qué dice que es?
>
> *Anita* ¡Estrés! (risas) Dice que no tome alcohol (más risas), que pase el día leyendo, que me acueste temprano, que coma mucha fruta, que no vaya al trabajo…
>
> *Señor Martínez* ¡Caramba! ¿Que no tomes alcohol? ¿Entonces te echo más vino? (más risas)
>
> *Anita* En serio, no puedo.
>
> *Señor Martínez* En serio, el vino es bueno para la salud.
>
> *Anita* David, ¿qué te dijo Don Ignacio?
>
> *David* Estaba fatal. ¿Y qué me dijo? Tiéndete sobre la cama, te voy a hacer un reconocimiento…y luego le dije, "me duele el vientre, me duelen los oídos y quiero algo que me quite el dolor".

Anita	¿Te dio antibióticos?
David	¡Ni hablar! Dijo...no me acuerdo de la palabra...
Señor Martínez	¿Fiebre glandular? ¿Apendicitis?
David	A ver...Sí, enfermo....enfermedad, que es una enfermedad común entre los estudiantes. Ese loco cree que estoy nervioso...por los exámenes. (risas)
Anita	Y tú, estudiante del año y todo.
David	Y dijo, "trata de descansar, acuéstate temprano, no salgas de noche, ni vayas a fiestas, toma vitaminas, y no tomes alcohol."
Anita	Lo mismo que a mí. (risas)
David	Lo peor fue que dijo que esta enfermedad es muy común entre los estudiantes que no se han preparado para los exámenes.
Señor Martínez	En tu caso no creo que sea verdad.
Anita	¡Qué loco, este Don Ignacio!
Señor Martínez	Camarero, traiga más vino por favor. Esta noche tenemos que celebrar.
Anita	Por los buenos resultados de David.

EJERCICIOS / **EXERCISES**

Change the verb from the present or present perfect to the imperfect or the past perfect, according to each case.

Ex.:
Elena dijo: ellos quieren cenar.
Elena dijo que ellos **querían** cenar.

Juan dijo: han tenido que irse.
Juan dijo que **habían tenido** que irse.

1. Dijeron: no hemos podido hacerlo. _____

_____

2. Le dijo a su amigo: hay mucha gente en la consulta.

_____

3. Le dije: he escrito la carta. _____

_____

Exercise A

4. Les dijimos: el tren ha salido. _____

_____

5. Mi novia dijo que ya no quiere casarse conmigo.

_____

Rewrite the sentences with the verb in parentheses in the present subjunctive.

1. Es preciso que los estudiantes _____ (aprender) mucho.

2. No digo que vosotros _____ (ser) malos estudiantes.

3. ¿Queréis que yo _____ (venir) a ayudaros?

4. No pienso que este loco _____ (tomar) vino

5. No creo que _____ (tener) usted razón.

6. Es muy importante que ellos _____ (pagar) en seguida.

7. Más vale que ustedes _____ (seguir) los consejos del médico.

8. Dudo que él _____ (haber) dicho eso.

9. Prefiero que la casa no _____ (estar) sucia.

10. Quizás no lo _____ (saber) sus padres.

Write these sentences in Spanish, paying attention to the appropriate use of either the indicative or the subjunctive in each case.

1. They are very sad you cannot visit them this year.

_____

_____

2. Do they want me to buy the red wine? _____

_____

3. My teacher is happy that I want to study a lot.

_____

_____

4. He tells the waiter to bring the squid. _____

_____

5. They ask María and Carmen not to arrive late.

_____

_____

6. Our friend wants us to try the sausage. _____

_____

7. I do not know anyone who knows where it is. _____

_____

8. We do not know anyone who is coming. _____

_____

9. I do not know anyone who gets up early. _____

_____

10. He does not know anyone who does not have the flu.

_____

_____

11. He tells me to decide. _____

_____

12. There is nothing that I like more. _____

_____

13. It is likely they will arrive tonight. _____

_____

14. It is better for you to go home. _____

_____

15. It is possible I'll have to stay here. _____

_____

16. It is best for you not to speak. _____

_____

17. It is possible they have seen me. _____

_____

18. Is it possible we have arrived? _____

_____

19. It is necessary for him to come at once. _____

_____

20. There is nothing more that can be done. _____

_____

21. I do not think the interpreter will arrive at nine o'clock.

_____

22. I doubt whether it is true. _____

_____

23. He wants to talk to me before they arrive. _____

_____

Exercise D

Complete the sentences below with an appropriate form of the verb in the subjunctive.

1. Podremos ir allí cuando _____ (hacer) sol.

2. Podrás hacerlo cuando _____ (ser) mayor.

3. No voy a hacerlo hasta que _____ (volver) ellos.

4. Antes de que _____ (haber) algún accidente, dámelo.

5. No queremos que tú _____ (irse).

6. En cuanto _____ (tener) yo los detalles, le escribiré.

Exercise E

Rewrite the following as commands (<u>usted</u>).

1. mirar _____

2. oír, es Juan _____

3. decir _____

4. no ser malo _____

5. pedir otro café _____

6. explicármelo _____

Rewrite the following as commands (<u>ustedes</u>).

1. no fumar ⎯⎯⎯⎯⎯⎯⎯⎯⎯⎯⎯⎯⎯⎯

2. volver por allí ⎯⎯⎯⎯⎯⎯⎯⎯⎯⎯⎯

3. no decir eso ⎯⎯⎯⎯⎯⎯⎯⎯⎯⎯⎯⎯

4. pedir otro té ⎯⎯⎯⎯⎯⎯⎯⎯⎯⎯⎯⎯

5. buscar un taxi ⎯⎯⎯⎯⎯⎯⎯⎯⎯⎯⎯

Rewrite the following as commands (<u>tú</u>).

1. subir hasta el cruce ⎯⎯⎯⎯⎯⎯⎯⎯⎯

2. bajar al centro ⎯⎯⎯⎯⎯⎯⎯⎯⎯⎯⎯

3. sacar las entradas ⎯⎯⎯⎯⎯⎯⎯⎯⎯

4. levantarse ⎯⎯⎯⎯⎯⎯⎯⎯⎯⎯⎯⎯⎯

5. probar estos zapatos ⎯⎯⎯⎯⎯⎯⎯⎯

ANSWER KEY

LESSON 1

A.	B.	C.	D.	E.
1. una	1. es	1. una persona	1. la	1. h
2. un	2. no es	2. un mapa	2. el	2. f
3. un	3. es	3. una ciudad	3. la	3. d
4. una	4. no es	4. una respuesta	4. el	4. a
5. una	5. no es	5. un español	5. el	5. c
6. una				6. e
7. un				7. b
8. una				8. g
9. un				
10. un				

LESSON 2

A.

1. No, no soy de Madrid.
2. No, no soy de Nueva York.
3. No, no soy de Londres.
4. No, no soy canadiense.
5. No, no estudio francés.
6. No, no soy español (española).
7. No, no trabajo en París.
8. No, no trabajo en un banco.

B.

1. alto
2. Esta
3. chilena
4. español
5. francés
6. rusas
7. pequeña
8. ridículo
9. bajas
10. italiano

LESSON 3

A.

1. Sí, tiene un billete para el avión.
2. Está en el bolso de Anita.
3. Sí, viaja con una maleta grande.
4. Tiene una falda, un suéter, unas blusas, un pantalón y zapatillas de deporte.
5. Tiene pasaporte.
6. Va a Sevilla, en España.
7. Va a ir en taxi.
8. No. No sale hoy. Sale mañana.
9. Va a salir a las tres.
10. Anita vuelve en ocho días.
11. No. David no va a viajar. Va a estudiar.
12. Sí, David es muy curioso.
13. Sí. Yo voy mucho de viaje./No, no voy mucho de viaje.
14. Tomo un taxi/un autobús/el metro.

LESSON 4

A.

1. Es la una.
2. Son las dos y diez (minutos).
3. Son las ocho y media.
4. Son las cinco y cuarto.
5. Son las diez menos cuarto.
6. Son las siete y veinte minutos.
7. Son las once menos veinticinco.
8. Es mediodía.
9. Son las doce y media.

B.

1. Está en casa.
2. Llama por teléfono a su vecino Paco.
3. Es viernes.
4. Paco tiene una agenda.
5. Son muy simpáticos.
6. Van primero al teatro.
7. Después van a un restaurante.
8. Paco no quiere ir.
9. Son las ocho.
10. Los amigos de los Martínez vienen a las ocho y media.

LESSON 5

A.

1. veintitrés
2. treinta y uno
3. treinta y seis
4. cuarenta y dos
5. cincuenta y cinco
6. sesenta y tres
7. setenta y cuatro
8. ochenta y ocho
9. noventa y nueve
10. cien
11. ciento veintiséis.

B.

lunes, martes, miércoles, jueves, viernes, sábado, domingo

C.

1. El empleado es puntual.
2. Sí. Tienen mucho trabajo.
3. Tienen que mandar ciento veinticinco cartas.
4. No va a tardar mucho. Tiene su ordenador.
5. El empleado va a sentarse.
6. Tienen la lista de clientes y la lista de direcciones de correo electrónico.
7. Va a llamar a la secretaria del jefe.
8. No, él no sabe dónde está.

LESSON 6

A.

1. el diálogo
2. los bancos
3. las escuelas
4. la clase
5. el boleto
6. el centro
7. la falda
8. el autobús
9. el taxi
10. la hora
11. el día
12. las guías
13. la tarde
14. la noche
15. el restaurante
16. el hotel
17. el trabajo
18. la oficina
19. la carta
20. los ordenadores
21. el jefe
22. la empleada
23. la lista
24. las sillas
25. la foto
26. la mujer
27. la moto
28. los hombres
29. el amigo
30. la agenda
31. el avión
32. las páginas
33. el teatro
34. el cine
35. las calles
36. el teléfono

37. el fax
38. las vacaciones

39. los señores
40. el chico

B.

1. está
2. soy
3. sale
4. tengo
5. trabaja
6. va
7. sabemos
8. Quiere
9. puedo
10. es

11. digo
12. vuelve
13. empiezan
14. hablan
15. escribiendo
16. pongo
17. saben
18. conozco
19. viajamos
20. prefiero

C.

1. tampoco
2. es
3. a
4. este
5. con
6. esposo

7. a
8. en
9. me
10. Al
11. gran
12. alguna

LESSON 7

A.

1. Están sentados en la terraza de un café.
2. Alberto toma un café con leche, tostadas y un bollo con mermelada y mantequilla.
3. Anita toma té con limón y una magdalena.
4. No. No piensa hacer nada especial. Quiere pasear y ver la ciudad.
5. Están en Sevilla. Sevilla es una ciudad interesante; tiene una catedral, museos, monumentos y un río.
6. Nadie quiere dormir la siesta.
7. Alberto quiere ir al cine. Hay una película nueva.
8. Empieza a las diez.
9. Van a visitar algunos museos e ir de paseo.
10. Dice, "¡Camarero!"
11. Paga siete euros con veinte.
12. Dice, "Aquí tiene".

B.

1. Sale a las cuatro y cinco.
2. Sale a las ocho y media.
3. Sale a las seis y veinticinco.
4. Sale a las diez.

C.

1. No, no viene nadie.
2. No, no ceno nunca en aquel restaurante.
3. No, no tenemos ninguna idea.
4. No, no deseo visitar ninguno.
5. No, no comen tapas tampoco.

LESSON 8

A.

1. Está en Santiago.
2. Tiene una reserva para una noche.
3. Habla con la recepcionista.
4. Necesita un bolígrafo para rellenar la ficha.
5. Tiene una maleta.
6. Sí, tiene ascensor.
7. Sirven el desayuno de ocho a once.
8. Sí, quiere llamar por teléfono.

B.

1. sí
2. pequeño
3. sentado
4. malo
5. tampoco
6. mucho
7. acabar
8. ninguno
9. algo
10. siempre
11. viejo
12. venir
13. la mujer
14. el día
15. tener calor
16. allí

C.

1. su, sus
2. nuestros, nuestras
3. su, sus, su
4. nuestros, nuestro, nuestra
5. mi, mis, mi

D.

1. quinta
2. sexta
3. segundo
4. cuarta
5. tercer

LESSON 9

A.

1. Está en Correos.
2. No, quiere comprar sellos.
3. Quería mandar dos cartas.

4. Va a tardar ocho días en llegar.
5. Sabía que iba a costar bastante.
6. Son mil quinientos cincuenta pesos.
7. Tenía que escribir su dirección y el valor del contenido.
8. No tenía dinero suelto.

B.

1. David la rellena.
2. La escribe.
3. Los compra.
4. No lo veo.
5. ¿Lo tiene?
6. Ahora la estudia.
7. No los veo.
8. Lo miramos.
9. Queremos abrirlas./Las queremos abrir.
10. Los pido.

C.

1. por
2. para
3. para
4. por aquí

5. para
6. Para
7. para
8. por

D.

1. Compraban mucho.
2. Hablábamos bastante.
3. Comía demasiado.
4. ¿Usted miraba al chico?
5. Llegaban para Semana Santa.
6. Bebía mucha agua fría.
7. Era interesante.
8. Veía el centro desde aquí.
9. Iba al aeropuerto.
10. Eran caros.

LESSON 10

A.

1. No, no quería ir.
2. Hacía buen tiempo, con cielo azul. No hacía calor, tampoco hacía frío. No llovía.
3. El señor Martínez pensaba montar a caballo en la sierra.
4. Las condiciones eran ideales. No hacía viento. Había nubes, pero no muchas.

5. El señor Martínez perdió el paraguas y el impermeable.
6. Hacía mal tiempo. Desapareció el sol. Llovió. Se levantó el viento.
7. Fue en diciembre con el Sr. Martínez y sus amigos ingleses.
8. No va porque no le apetece.

B.

1. Abrieron la puerta.
2. ¿Qué comimos al mediodía?
3. Visitó a María.
4. ¿Se levantaron a las ocho?
5. Volví al hotel.

6. Perdió el paraguas.
7. Pagué mil pesos.
8. Se quedó aquí.
9. Busqué el bar.
10. Habló mucho.

C.

1. Mercedes compró un bolso.
2. Los italianos volvieron tarde.
3. ¿Vivieron en la sierra?
4. No salieron nunca.
5. Desapareció el sol.
6. Llegué al restaurante.
7. Miré la agenda.
8. Busqué el paraguas.

9. No me acordé.
10. ¿Tomamos vino o café?
11. Comimos bastante.
12. Habló poco.
13. Viajó en avión.
14. Escribieron una carta.
15. Preguntaron a todos.

LESSON 11

A.

1. Van a comer en el campo con Lola y sus amigas.
2. Alberto habló con Lola ayer.
3. La llamó por teléfono anoche.
4. Van a ser cinco.
5. Sí, Lola dijo que iban a traer plátanos, naranjas, bizcocho, vino y galletas.
6. Compró todo en una tienda pequeña.
7. Preparó el postre, sacó platos, tenedores, cuchillos, cucharas, servilletas y todo, incluso el sacacorchos.
8. Dijo que sabía cocinar muy bien.
9. Cree que son el enemigo del medio ambiente.
10. Va a la panadería.

B.

1. Él le dio…
2. Fueron ellos…
3. Tuve …
4. No pudo …
5. Pagué …
6. No hizo…

7. Busqué …
8. Se dieron…
9. Fuimos…
10. No vino…
11. Estuvo…
12. Supe…

C.

1. Dónde	**4.** si.
2. sé	**5.** Mi
3. té	**6.** más

LESSON 12

A.

1. la	**11.** el	**21.** el (f)	**31.** las
2. el	**12.** el	**22.** el	**32.** la
3. el	**13.** las	**23.** la	**33.** los
4. la	**14.** el	**24.** las	**34.** el
5. el	**15.** las	**25.** los	**35.** el
6. el	**16.** la	**26.** el	**36.** las
7. el	**17.** los	**27.** el	**37.** los
8. la	**18.** la	**28.** las	**38.** los
9. la	**19.** el	**29.** la	**39.** el
10. las	**20.** la	**30.** los	**40.** las

B.

1. Sacan muchas fotos.
2. Hablo con la secretaria.
3. Desayunamos allí.
4. Pago demasiado.
5. Salen a las cinco.
6. Bebo leche.
7. Escucha la radio.
8. Miramos el programa.
9. Compran pan.
10. No hacen nada.
11. Dice algo.
12. Ponen otra película.
13. ¿Puede venir?
14. Damos mucho.
15. Decimos la verdad.
16. Sé todo.
17. Conoce a Marta.
18. Busco el hotel.
19. Mando la carta.
20. Vamos allí.
21. Está en Londres.
22. Es profesor.
23. Llama por teléfono.
24. Contesto siempre.
25. Empieza tarde.

C.

1. No, van a comprar pan.
2. No, va a volver.
3. No, van a llegar.
4. No, vamos a ir a Argentina.
5. No, voy a pagar.
6. No, van a hacer algo.
7. No, van a comer allí.
8. No, vamos a tomar un taxi.

D.

1. Comíamos
2. Llegué
3. dijo

4. fue
5. salió

LESSON 13

A.

1. Quería saber dónde estaba el museo.
2. Sí, sabe dónde está.
3. Doblar a la derecha y después del semáforo tiene que pasar delante del hospital, tomar la primera a la izquierda y seguir todo recto. Al f fondo encontrará el museo en frente.
4. No. Puede ir a pie.
5. Está detrás del colegio, después del puente.
6. No, no las ha sacado.

B.

1. ha viajado
2. han recibido
3. ha pagado
4. hemos vuelto
5. he descubierto
6. ha podido
7. han abierto

8. ha dicho
9. han hecho
10. has visto
11. he roto
12. han puesto
13. hemos hecho
14. han vuelto

C.

1. enfrente
2. cerca
3. Entre
4. a mano derecha
5. lejos

6. Delante/Enfrente
7. a diez minutos a pie
8. a dos kilómetros de aquí
9. Detrás
10. Después

D.

1. El castillo es más viejo que el ayuntamiento.
2. Es la ciudad más interesante de toda la región.
3. El hospital es el edificio más grande de la ciudad.
4. Es mi hermano mayor.
5. Son los mejores coches del mundo.

LESSON 14

A.

1. Están en casa de los Martínez.
2. Pablo está sirviendo café.
3. A David no le gusta el café.
4. Fue a Madrid.
5. No conoce Sevilla. Dice que antes de la Expo 92 no había oído hablar de Sevilla.
6. Porque las niñas del cuadro son las señoritas de la foto.

B.

1. francamente
2. realmente
3. desafortunadamente
4. concretamente
5. finalmente
6. rápidamente
7. lentamente
8. tristemente
9. solamente
10. simplemente
11. felizmente
12. completamente
13. maravillosamente
14. prácticamente
15. actualmente
16. evidentemente
17. lealmente
18. sinceramente
19. seguramente
20. ciertamente

C.

1. ...Ignacio había escrito la carta.
2. ...no lo había hecho.
3. ...habían pagado la cuenta.
4. ...el tren había entrado en la estación.
5. ...habían pedido dinero a su padre.
6. ...usted no había ayudado a sus primos.
7. ...habíamos leído el periódico.
8. ...no había llovido.
9. ...no había muerto el hijo.
10. ...habíamos comprado la casa.

D.

1. No había podido ir.
2. No habían sacado/comprado las entradas.
3. Anita había olvidado las fotos.
4. David no había oído hablar de Sevilla.
5. Los padres de Pablo habían escrito una carta.
6. Él había preparado el café.
7. Anita no había visitado Sevilla antes.
8. No habíamos querido tomar café.

E.

1. Al llegar se sentó.
2. Me gusta mirar los periódicos.
3. Antes de comer tomamos/bebemos algo.
4. Después de visitar la ciudad, escribimos una carta.
5. Sin hacer una reserva, fue al aeropuerto.

LESSON 15

A.

1. Quería saber si la señorita había visto una maleta.
2. Era pequeña, gris y roja.
3. Sí. Hacía media hora que la buscaba.
4. Cree que la encontrará en Objetos Perdidos.
5. Había salido a las ocho.
6. Iría a Objetos Perdidos. Preguntaría si tenían la maleta.

B.

1. ...me darán...
2. ...se levantará...
3. ...recibirá...
4. ...comenzará...
5. Abriremos...
6. ...telefoneará...
7. ...serán...
8. ...haré...

C.

1. ...estaré...
2. ...visitará...
3. ...vendrán...
4. ...nos quedaremos...
5. ...tendrá...
6. ...sabrán...
7. ...podremos...
8. ...diremos...

D.

1. Creyó que haría mucho frío en abril.
2. Les expliqué que no podría venir.
3. Me preguntaron por qué no estaría...
4. ...quisieron saber a qué hora cerrarían...
5. Dijeron que volverían tarde.
6. Les pregunté si saldrían.
7. ...quiso saber cuándo terminaría...
8. Creí que no tendrían suerte.

E.

1. Llueve desde hace diez minutos./Hace diez minutos que llueve.
2. Vivimos aquí desde hace ocho años./Hace ocho años que vivimos aquí.
3. ¿Aprende español desde hace cuánto tiempo?/¿Cuánto tiempo hace que aprende español?

4. No trabaja desde hace cinco años./Hace cinco años que no trabaja.
5. Espera desde hace una hora./Hace una hora que espera.

LESSON 16

A.

1. lejos	8. podido
2. Tengo	9. del
3. a	10. del
4. salir	11. quiero
5. fui	12. saldremos
6. Él	13. Hace
7. No	14. tiene

B.

1. No, no he podido sacar las entradas.
2. No, no miro nada.
3. No, nadie quiere ayudarle.
4. No, no tienen/tenemos ninguna idea del problema.
5. No, nunca pasa esto.

C.

1. ¿Qué ha dicho usted?
2. No he podido olvidarlo.
3. Nos hemos levantado a las siete.
4. Hemos bebido todo el vino.
5. No ha llamado nadie.
6. ¿Usted ha venido en coche?

D.
1. ¿Estoy bebiendo el suyo?
2. Vamos a vender la nuestra.
3. ¿Ha oído los míos?
4. Dejamos las nuestras en el hotel.
5. ¿Es éste el suyo?
6. He perdido las mías.

E.

1. El teatro es más interesante que el cine.
2. Es el mejor vino del mundo.
3. Mi hermano mayor es más alto.
4. Conduce/Maneja más rápidamente que yo.
5. Es el peor estudiante del colegio.

F.

1. Mi prima está viajando mucho este mes.
2. La secretaria está hablando francés ahora mismo.
3. El agente está ayudando a muchas personas hoy.
4. Los italianos están comprando muchos helados este verano.
5. Los sobrinos de Anita están leyendo libros interesantes hoy mismo.

G.

1. Hablo español desde hace seis semanas./Hace seis semanas que hablo español.
2. Sé usar el ordenador desde hace un mes./Hace un mes que sé usar el ordenador.
3. Compran café descafeinado desde hace un año y medio./Hace un año y medio que compran café descafeinado.
4. Estaba enfermo desde hacía varios años./Hacía varios años que estaba enfermo.

LESSON 17

A.

1. Don Ignacio está allí porque es médico.
2. Anita y David están allí.
3. Le duele casi todo: el vientre, la espalda, la garganta. También le duelen los oídos.
4. Dice que ella tiene que volver a casa, tomar un libro, leer, descansar, comer mucha fruta y carne, muchas proteínas y vitaminas. Tiene que acostarse temprano y levantarse tarde. No debe ni beber alcohol, ni pensar en el trabajo.
5. No, no le da medicina.
6. Es simplemente estrés.
7. Los estudiantes tienen esa enfermedad, sobre todo cuando hay exámenes.
8. "No tomes alcohol".

B.

1. toma, tomad
2. bebe, bebed
3. descansa, descansad
4. llega, llegad
5. sal, salid
6. ven, venid

C.

1. tomes
2. fumes
3. hables
4. mires
5. contestes
6. llegues

D.

1. el tuyo, el suyo
2. las nuestras, las tuyas
3. la mía, la vuestra
4. los suyos, las suyas
5. los míos, los suyos

LESSON 18

A.

1. "¿Qué desea?"
2. Dice que quiere probarse unos zapatos.
3. Quiere el cuarenta y cuatro.
4. Cree que sería buena idea probar otro estilo.
5. Es esencial que sean negros, que no tengan el tacón demasiado grande y que no cuesten demasiado.
6. Necesita la sección de regalos o recuerdos.

B.

1. abra	5. lleguen
2. beban	6. prueben
3. reserves	7. paguen
4. compren	8. busques

C.

1. venga	6. puedan
2. acepten	7. tengamos
3. prefiera	8. funcione
4. visitemos	9. prepare
5. viva	10. vayan

LESSON 19

A.

1. ¡Buen provecho!
2. Están cenando en un restaurante.
3. Hay vasos, copas, cuchillos, cucharas, tenedores, vino, agua mineral, croquetas, aceitunas, butifarra, jamón, pulpo, chorizo y calamares.
4. Es el médico de Anita y de David.
5. Anita y David habían estado enfermos.
6. Hace unos días que está enferma.

B.

1. tenga	6. teman
2. diga	7. prefieran
3. quiera	8. sea
4. pueda	9. interese
5. guste	10. tengan

C.

1. quieran	6. aconseje
2. sean	7. quiera
3. sea	8. comprenda
4. hable	9. tenga
5. ayude	10. esté

LESSON 20

A.

1. Dijeron que no habían podido hacerlo.
2. Le dijo a su amigo que había mucha gente en la consulta.
3. Le dije que había escrito la carta.
4. Les dijimos que el tren había salido.
5. Mi novia dijo que ya no quería casarse conmigo.

B.

1. aprendan	6. paguen
2. seáis	7. sigan
3. venga	8. haya
4. tome	9. esté
5. tenga	10. sepan

C.

1. Están tristes de que no les pueda/puedas visitar este año.
2. ¿Quieren que compre el vino tinto?
3. Mi profesor está contento de que quiera estudiar mucho.
4. Le dice al camarero que traiga los calamares.
5. Les piden a Marta y a Carmen que no lleguen tarde.
6. Nuestro amigo quiere que probemos la butifarra.
7. No conozco a nadie que sepa dónde está.
8. No conocemos a nadie que venga.
9. No conozco a nadie que se levante temprano.
10. No conoce a nadie que no tenga la gripe.
11. Me dice que yo decida.
12. No hay nada que me guste más.
13. Es probable que lleguen esta noche.
14. Es mejor que ustedes vuelvan/vosotros volváis/usted vuelva/tú vuelvas a casa.
15. Es posible que tenga que quedarme aquí.
16. Más vale que no hablen ustedes.
17. Es posible que me hayan visto.
18. ¿Es posible que hayamos llegado?
19. Es necesario que venga enseguida.

20. No hay nada más que se pueda hacer.
21. No creo que el intérprete llegue a las nueve.
22. Dudo que sea verdad.
23. Quiere hablar conmigo antes de que lleguen.

D.

1. ...haga...
2. ...seas...
3. ...vuelvan...

4. ...haya...
5. ...te vayas...
6. ...tenga...

E.

1. Mire.
2. Oiga, es Juan.
3. Diga.

4. No sea malo.
5. Pida otro café.
6. Explíquemelo.

F.

1. No fumen.
2. Vuelvan por allí.
3. No digan eso.

4. Pidan otro té.
5. Busquen un taxi.

G.

1. Sube hasta el cruce.
2. Baja al centro.
3. Saca las entradas.

4. Levántate.
5. Prueba estos zapatos.

GLOSSARY

a to; personal a precedes a specified person when this is the direct object of the verb.

(a) la izquierda: (to) the left

(a) la derecha: (to) the right

a pie: by foot

¿a qué hora?: at what time?

a x metros: x meters away

abajo: down

abril: April

abrir: to open

abuela: grandmother

abuelo: grandfather

aburrirse: to get bored

acabar de (+ infin.): to have just (done)

acabar: to finish + infin.

aceituna: olive

acordarse (ue): to remember

acostarse (ue): to go to bed

actual: current

además: moreover, besides

¡Adiós!: Goodbye!

adjetivo: adjective

aeropuerto: airport

agente ♂: policeman

agosto: August

agua (♀ but takes el): water

agua mineral con gas: carbonated mineral water

agua mineral sin gas: still mineral water

ahora: now

ahora mismo: right now

ahorrar: to save

al: to the (a plus el)

al (+ infin.): on (+ -ing)

al fondo (de): at the end (of)

alcohol ♂: alcohol

alemán ♂/alemana ♀: German

algo: something

alguien: someone

allí: there

allí mismo: right there

almacén ♂: store

almuerzo ♂: lunch

alquilar: to hire, lease, rent

alto ♂/alta ♀: tall, high

amable: kind

amiga ♀: friend

amigo ♂: friend

ancho ♂/ancha ♀: wide

año ♂: year

anteayer: the day before yesterday

antibiótico ♂: antibiotic

antiguo♂/antigua♀: ancient
anuncio♂: advertisement
apartamento♂: apartment, flat
apendicitis♀: appendicitis
apetecer: to appeal
apropiado♂/apropiada♀: appropriate
aquel♂/aquella♀: that (near either of us)
aquello: that (near either of us) (neuter)
aquí: here
aquí tiene: here you are (when handing something to someone)
argentino♂/argentina♀: Argentinian
arriba: up
asado♂/asada♀: roast
ascensor♂: elevator
así: like this
atrevido♂/atrevida♀: daring, bold
autobús♂: bus
autoridad♀: authority
avión♂: plane
ayuntamiento♂: town hall
azúcar♂: sugar
azul: blue

bajar: to go down, to take down
bañarse: to take a bath
banco♂: bank
baño♂: bath, bathroom
barato♂/barata♀: cheap
bastante: enough; fairly
bastar: to be enough
¡Basta de tonterías!: That's enough nonsense!
bebé: baby
bien: well, fine
billete♂: ticket
bizcocho♂: sponge cake
blanco♂/blanca♀: white
blusa♀: blouse
boleto♂: ticket [L.Am.]
bolígrafo♂: pen
bollo♂: bun
bolso♂: purse, bag
bolsa de plástico♀: plastic bag
bonito♂/bonita♀: attractive
bueno, pues: well, then
bueno♂/buena♀: good
buenos días: good day, good morning
buscar: to look for
butifarra♀: sausage

cabeza♀: head
caer: to fall
café con leche♂: coffee with cream
café solo♂: black coffee
cafeína♀: caffeine
calamares♂: squid
calle♀: street

calmantes ♂: sedatives
cama ♀: bed
campo ♂: countryside
¡Caramba!: Oh boy!
carne ♀: meat
carnet de identidad ♂: identity card
caro ♂/cara ♀: expensive
carro ♂: car [L. Am.]
carta ♀: letter
casarse: to get married
casi: almost
caso ♂: case
castillo ♂: castle
catedral ♀: cathedral
celebrar: to celebrate
cena ♀: dinner
cenar: to have dinner
centro ♂: center
cerca (de): near, close (to)
cero: zero, nothing
cerquita: diminutive of cerca
cerrar: to close
cerveza ♀: beer
¡Chao!: So long!
chica ♀: girl
chico ♂: boy
chileno ♂/chilena ♀: Chilean
chino ♂/china ♀: Chinese
chorizo ♂: salami
cielo ♂: sky
cierto ♂/cierta ♀: sure, certain
cigarrillo ♂: cigarette
cinco: five
cine ♂: movies, cinema
cita ♀: appointment
ciudad ♀: city
¡Claro!: Of course!
clase ♀: class
cliente ♂/clienta ♀: customer
coche ♂: car
cocinar: to cook
colegio ♂: school
color ♂: color
comedor ♂: dining room
comer: to eat
¿cómo?: how?
comida ♀: lunch, food, meal
comparación ♀: comparison
comparativo ♂: comparative
completo ♂/completa ♀: complete
complicado ♂/complicada ♀: complicated
comprar: to buy
común: common
con: with
con vista al mar: with an ocean view
concreto ♂/concreta ♀: concrete

condición ♀: condition
conducir: to drive (Spain)
conocer: to know (be acquainted with)
consejos ♂: advice
consulta ♀: doctor's office
contar (ue): to tell, relate, to count
contener (ie): to contain
contenido ♂: contents
contestar: answer
contrario ♂/contraria ♀: opposite, contrary
convencer: to convince
convencido ♂/convencida ♀: convinced
conviene que: it is appropriate that
copa ♀: wine glass
correo electrónico ♂: e-mail
Correos: Post Office
cosa ♀: thing
costar (ue): to cost
croqueta ♀: croquette
cruce ♂: crossroads
cruzar: to cross
cuadro ♂: picture
cuando: when
¿cuándo?: when?
¿cuánto ♂/cuánta ♀?: how much?, how many?
cuarto ♂/cuarta ♀: fourth
cuatro: four
cuchara ♀: spoon
cuchillo ♂: knife
cuenta ♀: check, bill (at a bar, restaurant)
cuestión ♀: question
curioso ♂/curiosa ♀: nosy
curso ♂: course

dar: to give
darse cuenta de: to realize, become aware of
de: of
de acuerdo: agreed
de repente: suddenly
de prisa: quickly
de todas formas: anyhow
deber: to owe, must
décimo ♂/décima ♀: tenth
decir: to say
del: of the (de + el)
delante (de): in front of
demasiado ♂/demasiada ♀: too (much)
dentro (de): inside
dependiente ♂: salesman
dependienta ♀: saleswoman
derecha ♀: right
desafortunado ♂/desafortunada ♀: unfortunate
desaparecer: to disappear
desayunar: to have breakfast
desayuno ♂: breakfast
descafeinado ♂/descafeinada ♀: decaffeinated

descansar: to rest
desde: from, since
desde hace **(+ length of time)**: for (+ length of time)
desde luego: of course
desear: to wish, want
desesperadamente: desperately
desesperado♂/desesperada♀: desperate
desgraciadamente: unfortunately
despacio: slowly
despertarse(ie): to wake up
después (de): after
después: afterwards
después de **(+ infin.)**: after —ing
determinado♂/determinada♀: determined
detrás (de): behind
día♂: day
diálogo♂: dialogue
diciembre: December
diez: ten
diferente: different
difícil: difficult
dinero♂: money
dirección♂: address
dirección de correo electrónico♀: e-mail address
distinto♂/distinta♀: different
divertirse (ie): to enjoy oneself
doblar: to turn
doble: double (of room)
doce: twelve
dólar♂: dollar
doler (ue): to hurt
dolor♂: pain
domingo♂: Sunday
dormitorio♂: bedroom
Don♂: title of respect used with a first name for men
Doña♀: title of respect used with a first name for women
¿dónde?: where?
¿adónde?: where to?
dos: two
ducharse: to take a shower

e: and (before i-, hi-)
echar: to pour; throw
económico♂/económica♀: economical
edificio♂: building
ejemplo♂: example
ejercicio♂: exercise
él♂: he
el♂: the (masc. sing.)
ella♀: she
empezar: to begin
empleada♀: employee (female)
empleado♂: employee (male)
en casa: at home
en cuanto: as soon as

en: in
en serio: seriously
en total: in all
en voz alta: out loud
enamorado♂/enamorada♀: in love
encantado♂/encantada♀: pleased to meet you
encantar: to enchant
encontrar (ue): to find
enemigo♂/enemiga♀: enemy
energía♀: energy
enero: January
enfermedad♀: sickness
enfrente (de): opposite
ensalada♀: salad
entonces: so, well
entrada♀: way in, ticket for show
entre: between
equipaje♂: baggage
escalera♀: stairs
escalera mecánica♀: escalator
escribir: to write
escritorio♂: desk
escuchar: to listen to
escuela♀: school
escuela de idiomas♀: language school
ese, esa: that (near you)
eso: that (near me) (neuter)
espalda♀: back
español♂/española♀: Spanish
esperar: to wait; hope
esposa♀: wife
esposo♂: husband
esquiar: to ski
está bien: that's good
está en su casa: make yourself at home
estación♀: station, season
estar: to be (location, condition)
estar citado♂/citada♀: to have an appointment
estar de moda: to be in fashion
estar de viaje: to be traveling
estar nervioso♂/nerviosa♀: to be uptight
estar sentado♂/sentada♀: to be sitting down
Este♂: East
este♂/esta♀: this (near me)
estilo♂: style
estrecho♂/estrecha♀: narrow
estrés♂: stress
estudiar: to study
estupendo♂/estupenda♀: great
etcétera: etc.
Europa: Europe
exactamente: exactly
examen♂: examination
explicar: to explain

fácil: easy
falda ♀: skirt
familia ♀: family
famoso ♂/**famosa** ♀: famous
fatal: dreadful, fatal
febrero: February
feliz: happy
femenino ♂/**femenina** ♀: feminine
ficha ♀: card (index), form
fiebre ♀: fever
fiebre glandular ♀: glandular fever
fiesta ♀: feast day, public holiday, party
fin de semana ♂: weekend
foto ♀: photo
francamente: frankly
francés ♂/**francesa** ♀: French
fruta ♀: fruit
fuente ♀: fountain
fuera: outside
fumar: to smoke
funcionar: to work, function
furioso ♂/**furiosa** ♀: furious

galleta ♀: cookie, biscuit
garaje ♂: garage
garganta ♀: throat
gasolina ♀: gasoline, gas (petrol)
gente ♀: people
gracias: thanks, thank you
gran ♂: big (in front of sing. noun)
grandes almacenes ♂: department store
grande: big
gripe ♀: flu
gris: gray
guapo ♂/**guapa** ♀: pretty (of people)
guía ♀: guidebook
gusto ♂: taste

habitación ♀: room
hablar por teléfono: to talk on the phone
hablar: to speak, to talk
hace (+ length of time) que: for (+ length of time)
hace: ago
hace buen tiempo: the weather's fine
hace mal tiempo: the weather's bad
hacer calor: to be hot
hacer ceremonias: to stand on ceremony
hacer cola: to stand in line
hacer falta: to be necessary
hacer frío: to be cold
hacer las compras: to go shopping
hacer sol: to be sunny
hacer viento: to be windy
hacia: towards
hasta: until

¡Hasta luego!: So long!
hay que **(+ infin.)**: it is necessary to...
hermano♂/hermana♀: brother/sister
hermoso♂/hermosa♀: beautiful
hija♀: daughter
hijo♂: son
¡Hola!: Hello!
hombre♂: man
hora♀: hour
hospital♂: hospital
hotel♂: hotel
hoy: today

idea♀: idea
ideal: ideal
idioma♂: language
igual: similar, alike
imperfecto: imperfect
impermeable♂: raincoat
importante: important
incluso: even, included
individual: single (of room)
infinitivo: infinitive
información♀: information
inglés♂/inglesa♀: English
inmediatamente: immediately
inmediato♂/inmediata♀: immediate
inmenso♂/inmensa♀: enormous
insistir: to insist
inteligente: intelligent
interesante: interesting
interesar: to interest
intérprete: interpreter
invitar: to invite
ir: to go
ir a pie: to go on foot
ir de viaje: to go on a trip
irse: to go away
italiano♂/italiana♀: Italian
izquierda♀: left

japonés♂/japonesa♀: Japanese
jardín botánico♂: botanic gardens
jardín♂: backyard, garden
jefa♀: boss (female)
jefe♂: boss (male)
jueves♂: Thursday
julio: July
junio: June
junto♂/junta♀: together

la♀: the (fem. sing.)
lápiz♂: pencil
las♀: the (fem. plural)
lavar: to wash

lavarse: to wash (oneself)
leal: loyal
leche ♀: milk
leer: to read
lejos (de): far away (from)
lección: lesson
levantarse: to get (oneself) up
libra esterlina ♀: pound sterling
libro ♂: book
limón ♂: lemon
lista ♀: list
listo ♂/lista ♀: ready
llamar por teléfono: to call (on the telephone)
llamar: to call
llamarse: to call oneself
llave ♀: key
llegar: to arrive
llevar: to carry, wear, have with one
llover (ue): to rain
lo (+ adj.): the (+ adj.) thing(s)
lo siento: I'm sorry
loco ♂/loca ♀: crazy, mad
Londres: London
los ♂: the (masc. plural)
lugar ♂: place
lunes ♂: Monday

madre ♀: mother
magnífico ♂/magnífica ♀: magnificent
maleta ♀: suitcase
malo ♂/mala ♀: bad
mañana: tomorrow
mandar por fax: to fax
mandar: to send
manejar: to drive [L. Am.]
mano ♀: hand
mantequilla ♀: butter
mapa ♂: map (of area or country)
mar ♂: sea
maravilla ♀: wonder, marvel
maravilloso ♂/maravillosa ♀: marvelous
marido ♂: husband
marrón: brown
martes ♂: Tuesday
marzo: March
más vale que: it is better that
masculino ♂/masculina ♀: masculine
mayo: May
me encanta: I adore
medicina ♀: medicine
médico ♂/médica ♀: physician
medio ambiente ♂: environment
mejor: better
mejorarse: to get better
menos cuarto: quarter to
mermelada ♀: jelly

mes ♂: month
metro ♂: subway
mexicano ♂/mexicana ♀: Mexican
mi (s): my
mientras tanto: meanwhile
miércoles ♂: Wednesday
mío ♂/mía ♀: (of) mine
mirar: to look at
mismo ♂/misma ♀: same, very
moda ♀: fashion
momentito ♂: said when someone is asked to wait a moment
momento ♂: moment
monedero ♂: change purse
montar a caballo: to ride
monumento ♂: ancient building
morir (ue): to die
mostrar (ue): to show
moto ♀: motorbike
mucho gusto: pleased to meet you
mucho ♂/mucha ♀: a lot of, many
mueble ♂: piece of furniture
muebles ♂: furniture
mujer ♀: wife, woman
museo ♂: museum
muy: very

nacionalidad ♀: nationality
nada: nothing
nadie: no one
naranja: orange
necesario ♂/necesaria ♀: necessary
negro ♂/negra ♀: black
nevar: to snow
¡Ni hablar!: No way!
ni mucho menos: and much less, far from it
nieta ♀: granddaughter
nieto ♂: grandson
nieve ♀: snow
no...en absoluto: not...at all
no es verdad: that's not true
no hay de qué: you're welcome
no me apetece: I don't feel like it
no: no, not
¡No me diga!: You don't say!
no...todavía: not...yet
noche ♀: night
nombre ♂: name
Noreste ♂: Northeast
normal: normal
normalmente: normally
noroeste ♂: Northwest
norte ♂: north
nosotras ♀: we (fem.)
nosotros ♂: we (masc.)
noveno ♂/novena ♀: ninth
novia ♀: girlfriend

noviembre: November
novio ♂: boyfriend
nube ♀: cloud
Nueva York: New York
nueve: nine
nuevo ♂/nueva ♀: new
número ♂: size (of shoe); number

o: or
o sea…: that is to say…
objetos perdidos: lost and found
obra ♀: work, play
obras ♀: road works
ocho días: one week
ocho: eight
octavo ♂/octava ♀: eighth
octubre: October
Oeste ♂: West
oficina ♀: office
oídos ♂: ears
oír hablar de: to hear (mention) of
ojo ♂: eye
olvidar: to forget
once: eleven
ordenador ♂: computer
os: you (object pl., reflexive pl.)
otro poco: a little more
otro ♂/otra ♀: other, another

padre ♂: father
padres ♂: parents
página ♀: page
país ♂: country
pan ♂: bread
panadería ♀: bakery
pantalón ♂: pants, trousers
paquete ♂: package, parcel
par ♂: pair, couple
para: for, in order to
paraguas ♂: umbrella
París: Paris
parque ♂: park
pasado mañana: the day after tomorrow
pasaporte ♂: passport
pasar: to spend, pass, happen
pasarlo bien: to have a good time
pasear: to walk around
paseo ♂: leisurely stroll around town
pasteles ♂: pastries
pedir (i): to ask for
película ♀: movie
peligro ♂: danger
pensar (ie) en (+ infin): to think of (-ing)
pensar (ie): to think
pensar de: to think of (opinion)
pensión ♀: small hotel, hostel, guest house

peor: worse
pequeño♂/pequeña♀: small
perder (ie): to lose
¡Perdone!: Sorry!
perfecto♂/perfecta♀: perfect
perfecto♂: the perfect tense
periódico♂: newspaper
pesadilla♀: nightmare
pesar: to weigh
peso♂: weight, currency (in Mexico)
petróleo♂: oil (crude)
pierna♀: leg
piso♂: apartment, floor, flat
plano♂: street map
planta baja♀: floor on street level
plástico♂: plastic
plátano♂: banana
plato♂: plate
playa♀: beach
plaza♀: square
plomo♂: lead
plural♂: plural
poder: to be able
pollo asado♂: roast chicken
pollo♂: chicken
poner: to put
por: for (through, by), on
por aquí: around here
por avión: by airplane
por eso: that's why
por favor: please
por la mañana: in the morning
por lo general: in general, usually
por lo tanto: therefore
por supuesto: of course
por todas partes: all around, everywhere
porque: because
postal♀: postcard
postre♂: dessert
prácticamente: practically
práctico♂/práctica♀: practical
preferir (ie): to prefer
pregunta♀: question
preparar: to prepare
prepararse: to get oneself ready
preposición♀: preposition
presentación♀: introduction
primo♂/prima♀: cousin
probar (ue): to try (on)
problema♂: problem
profesor♂/profesora♀: teacher
programa♂: program
pronto: soon
propina♀: tip
proteína♀: protein
prudente: sensible

pueblo♂: village
puente♂: bridge
puerta♀: door
pues: so, well; then, next
pulpo♂: octopus
puntual: punctual

que: who, which
¿qué?: what?
¡Que aproveche!: Enjoy your meal!
¡Qué cosa!: How amazing!
¿Qué desea?: Can I help you?
¡Qué horror!: How awful!
¡Qué lástima!: What a pity!
¡Qué suerte!: What luck!
¿Qué tal?: How are things?/How are you?/How is...?
¡Qué susto!: What a shock!
¿Qué tiempo hace?: What's the weather like?
¡Qué tontería!: How crazy!
¡Qué va!: No way!
quedarse: to stay behind
¿quién(es)?: who?
querer: to wish, to want
quince días: two weeks
quinto♂/quinta♀: fifth
quisiera: I would like
quitar: to take away

radio♀: radio
rápidamente: quickly
rápido♂/rápida♀: quick
realmente: really
recepción♀: reception
recepcionista: receptionist
reciclaje♂: recycling
recipiente♂: receptacle
reconocimiento♂: medical examination
refrán♂: proverb, saying
regalar: to give as a present
regalo♂: gift
Reino Unido: U.K.
rellenar: to fill out
reserva♀: reservation
restaurante♂: restaurant
resuelto♂/resuelta♀: resolute
resultado♂: result
rey♂: king
rico♂/rica♀: rich
ridículo♂/ridícula♀: ridiculous
río♂: river
risa♀: laughter
rogar: to ask, beg
rojo♂/roja♀: red
rosa: pink
ruso♂/rusa♀: Russian

sábado♂: Saturday
saber: to know (fact)
sacacorchos♂: corkscrew
sacar fotos: to take photos
sacar las entradas: to buy the tickets
sacar: to take out
sala de espera♀: waiting room
sala de estar♀: living room
salir: to leave, to go out
salud♀: health
¡Salud!: Cheers!
se: himself, herself, form of le when accompanied by lo(s), la(s)
secretario♂/secretaria♀: secretary
según: according to, it depends
segundo♂/segunda♀: second
seguro♂/segura♀: safe
seis: six
sello♂: stamp
semáforo♂: traffic light
Semana Santa♀: Holy Week
señor♂: gentleman; mister
señora♀: lady; Mrs.
señorita♀: young lady; miss
sentado♂/sentada♀: sitting
sentir (ie): to feel
septiembre: September
séptimo♂/séptima♀: seventh
ser: to be (characteristics, definitions)
servilleta♀: napkin
servir (i): to serve
servirse (i): to serve oneself (at table)
sesión de noche♀: late evening performance
sesión de tarde♀: early evening performance
sexto♂/sexta♀: sixth
si: if
sí: yes
siesta♀: afternoon nap
siete: seven
simpático♂/simpática♀: friendly
simple: simple
sin: without
sincero♂/sincera♀: sincere
sobrino♂/sobrina♀: nephew/niece
sofá♂: couch
solo♂/sola♀: alone
su (s): his, her, your, their
subir: to go up, to take up
sucio♂/sucia♀: dirty
Sudeste♂: Southeast
suelto♂: change
suéter♂: sweater
superlativo♂: superlative
supermercado♂: supermarket
sur♂: south

susto♂: shock
suyo♂/suya♀: (of) his, hers, yours, theirs

tacón♂: heel
tal vez: perhaps
tambien: also
tampoco: nor; not either
tanto: so much
tapas♀: snacks taken with drinks
tardar (en + infin.): to take a long time (doing something)
tarde♀: afternoon, evening
tarifa♀: rate, tariff
taxi♂: taxi
te: you (object sing.; reflexive sing.)
teatro♂: theater
telefonear: to telephone
teléfono♂: telephone
televisor♂: television set
temer: to fear
temprano: early
tener ganas de: to want to
tenderse (ie): to lie down, stretch out
tenedor♂: fork
tener: to have
tener calor: to be hot
tener frío: to be cold
tener hambre: to be hungry
tener que: to have to
tener razón: to be right
tener sed: to be thirsty
tener suerte: to be lucky
tener x años: to be x years old
terraza♀: terrace
terraza de un café♀: sidewalk café
tío♂/tía♀: uncle/aunt
tienda♀: store
tíos♂: uncle and aunt
todo recto: straight ahead
todo♂/toda♀: all
todos los días: every day
tomar: to take
toro♂: bull
tostada♀: toast
total: complete
totalmente: totally
trabajo♂: work, job
traer: to bring
tranquilo♂/tranquila♀: calm, quiet
tratar de (+ infin.): to try to
tren♂: train
tres: three
triste: sad
tú: you (inf. sing.)

u: or (before o-, ho-)
un momento: a moment
un poco: a little
un poquito: a little
único♂/única♀: only
uno: one
uso♂: use
usted: you (polite singular)
ustedes: you (polite plural)

vaca♀: cow
vacaciones♀: vacation
valer: to be worth
valor♂: value
vaso♂: glass
veinte: twenty
veinticinco: twenty-five
venezolano♂/venezolana♀: Venezuelan
venir: to come
ver: to see
verbo♂: verb
verdad♀: truth
¿verdad?: right?
verde: green
viajar: to travel
viaje♂: journey
viajero♂/viajera♀: traveler
vidrio♂: glass
vientre♂: abdomen
viernes♂: Friday
vino♂: wine
visitar: to visit
vista♀: sight, view
vitamina♀: vitamin
vivir: to live
vocabulario♂: vocabulary
volver a (+ infin.): to x again
volver: to return
vosotros♂/vosotras♀: you (inf. plu.)
vuestro♂/vuestra♀: your (inf. plu.)

y: and
y cuarto: quarter past
y media: half past
ya está: that's it
ya: now, already

zapato♂: shoe
zapatillas de deporte♀: sneakers